国家社会科学基金一般项目『科学家书札特藏资源挖掘与应用研究』（20BTQ070）阶段性成果

革命文献与民国时期文献
保护计划

· 成 果 ·

动荡时代的友谊

梁希致章鸿钊书信集

◎ 马翠凤 主编

国家图书馆出版社

图书在版编目（CIP）数据

动荡时代的友谊：梁希致章鸿钊书信集 / 马翠凤主编 . —北京：国家图书馆出版社，2024.5

ISBN 978-7-5013-7668-1

Ⅰ . ①动… Ⅱ . ①马… Ⅲ . ①梁希（1883-1958）－书信集②诗集－中国－当代 Ⅳ . ① K826.3 ② I227

中国版本图书馆 CIP 数据核字（2022）第 230680 号

书　　名　动荡时代的友谊：梁希致章鸿钊书信集

著　　者　马翠凤　主编

责任编辑　王亚宏

助理编辑　郑小笛

封面设计　北京金康利印刷有限公司

出版发行　国家图书馆出版社（北京市西城区文津街 7 号　100034）

　　　　　（原书目文献出版社　北京图书馆出版社）

　　　　　010-66114536　63802249　nlcpress@nlc.cn（邮购）

网　　址　http://www.nlcpress.com

印　　装　北京金康利印刷有限公司

版次印次　2024 年 5 月第 1 版　2024 年 5 月第 1 次印刷

开　　本　889×1194　1/16

印　　张　22.75

字　　数　403 千字

书　　号　ISBN 978-7-5013-7668-1

定　　价　380.00 元

革命文献与民国时期文献整理出版
工作委员会

革命文献与民国时期文献整理出版

编纂委员会

革命文献与民国时期文献整理出版

学术顾问

（按姓氏笔画排序）

马大正　马振犊　王奇生　王晓秋

尹　力　曲爱国　刘家真　杨天石

汪朝光　宋志勇　张宪文　陈　力

罗志田　罗　敏　金以林　周和平

夏燕月　桑　兵　黄小同　黄长著

黄兴涛　黄修荣　韩永进　臧运祜

《动荡时代的友谊：梁希致章鸿钊书信集》
编纂委员会

主　编：马翠凤

编写人：马翠凤　蔡秀华　王　鑫　张孟伯

　　　　柴新夏　崔文娟　卢小莉　刘　国

1927 年 9 月 19 日梁希将自己的照片寄送章鸿钊，
且在照片上赋诗一首

1927 年 10 月 5 日梁希寄送章鸿钊的照片

1950 年梁希与章鸿钊的合影

1950 年梁希与章鸿钊等人的合影　◎

梁希

一九五五年当选为

中国科学院院士（学部委员）

院 长 郭沫若

1955年梁希当选中国科学院院士的证书

（原件保存于中国林业大学档案馆）

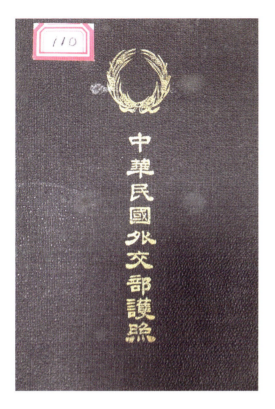

梁希 1927 年护照
（原件保存于中国林业大学档案馆）

北平西城安碧胡同

章爰君先生 台啓

重慶中央大學農學院梁纖

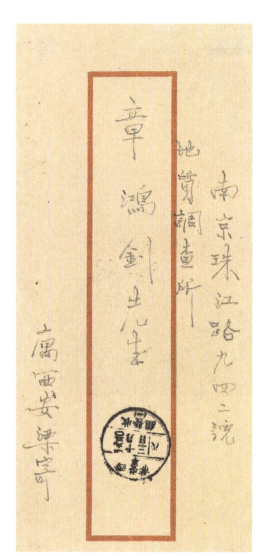

南京珠江路九四二號
地質調查所

章鴻釗先生

上屬西安梁思

来往书信信封

序

我的爷爷梁希（1883—1958），是著名的林学家、教育家、社会活动家。中华人民共和国成立后，他曾担任首任林垦部（后改为林业部）部长、首届中国科学技术协会第一副主席、九三学社中央副主席，为中国林学会创始人、首任林学会理事长等。爷爷 1913—1916 年在日本东京帝国大学农学部林科学习，1923 年赴德国萨克逊邦林学院（现为德累斯顿工业大学林学系）研究林产制造化学，1927 年学成回国。

爷爷在担任林业部部长时，提出了"全面发展林业，发挥森林多种效益，为国民经济建设服务"的思想，并亲自深入调研，领导制订了建国初期的林业工作方针和建设规划，在全国范围内初步建立了林业行政、科研、教育及生产体系，促进了新中国林业事业的蓬勃发展。他长期从事松树采脂、樟脑制造、桐油抽提、木材干馏等方面的试验研究，创立了中国林产制造化学学科，并于 1955 年被选聘为中国科学院院士。

爷爷和中国地学创始人之一的章鸿钊先生是推心置腹的好朋友，与章鸿钊先生一样喜好诗词歌赋。在爷爷写下的诗文中，有许多为林业界工作的人们所传诵，如"无山不绿，有水皆清。四时花香，万壑鸟鸣。替河山装成锦绣，把国土绘成丹青，新中国的林人，同时也是新中国的艺人"等。他以诗言志，激励人们为祖国的绿化事业努力奋斗！

这本书信集，真实地见证了爷爷和章鸿钊先生历久弥坚的友谊，更是见证了老一辈科学家怀拳拳赤子之心，报效国家的精神，其史料价值弥足珍贵。

感谢中国地质图书馆投入力量搜集、整理、辨识、编写、出版此书，让我们也有机会一睹爷爷当年的文采，一同感受他与老朋友间的那份温暖……

梁佛华

2022 年 1 月 20 日

编者的话

　　梁希（1883年12月28日—1958年12月10日），原名曦，字索五，后改名为希，字叔五（或叔伍），笔名凡僧、一丁、阿五等，浙江省吴兴县双林镇人。著名林学家、林业教育家和社会活动家。他一生大部分时间从事林业教学和林产化学研究，是我国近代林学和林业的杰出开拓者，是中国林产制造化学学科的奠基人。中华人民共和国成立后，他被任命为林垦部首任部长，当选为中华全国科学普及协会主席、中华人民共和国科学技术协会副主席、中国科学院生物学部委员、九三学社中央副主席，并担任第一、二届中国人民政治协商会议常务委员，第一届全国人民代表大会代表和中国林学会理事长等。

　　梁希先生幼年时在私塾读书，文化根基深厚，1899年考中秀才，有"两浙才子"之誉。他1902年与湖州双林望族姚兰坪之女成婚，1905年生下长子梁尧（后名梁震）后，即报考浙江武备学堂，走武备救国之路。他因学习成绩优秀，1906年被清政府选送日本留学，在东京弘文书院预科学习一年，1907年入日本士官学校学习，在此期间加入同盟会。辛亥革命爆发后，他满怀救国热忱，毅然回国，投身于救亡图存的革命浪潮，参加了浙江湖属军政分府新军的训练工作。辛亥革命后，他再次东渡日本读书，1913年入日本东京帝国大学农学部林科学习，攻读林产制造学和森林利用学。学习期间，梁希先生对林产制造学和森林利用学产生浓厚兴趣。他潜心钻研，学习成绩优秀，受到导师们的赞誉。他1916年学成回国，先后在辽宁安东鸭绿江采木公司和北京农业专门学校任职。1923年，自费赴德国萨克逊邦林学院（现为德累斯顿工业大学林学系）学习。1927年回国，到北京农业专门学校任教。同年，辞职赴浙江大学农学院任森林系系主任。1933年辞职前往南京，任教于中央大学农学院森林系，直到1949年南京解放。任教期间，他坚持教学与科研相结合，在桐油提取、木材干馏、樟脑制造和木素定量研究方面，取得重要成果。他认为，要发展中国的林业，必须从教育着手培养人才。他先后从事教学工作30多年，讲授过森林利用学、林产制造化学、木材学和木材防腐学等课程，培养了一批又一批林业专业人才。他所讲授的课程，讲义和教材都是自己编写，并不断修改讲稿，及时掌握学科动态，随时补充新内容。上实验课，他总是亲自指导和示范，对一些难于操作的实验方法，则手把手地传授给学生。梁希先生还十分重视理论联系实际，重视实验教学，在浙江大学和中央大学任教期间创建了林产制造化学实验室。梁希先生曾在中央大学农学院森林系创办的林学综合性学术刊物《林钟》上撰文，号召青年学子和国人们敲响林钟："提起精神来，鼓起勇气来，挺起胸膛来，举起手，拿起锤子来，打钟！打林钟！林钟是我们的晨钟，林钟是我们的警钟，要打得准，打得猛，打得紧。唤起社会，觉醒政府，警告脑满肠肥、醉生梦死的人们……林不茂，则水不利，风不调，雨不顺。假使让山林再荒下去，不单是水灾旱魃，进一步，恐怕全中国要变成沙漠了。""一击不效再击，再击不效三击，三击不效，十百千万击。少年打钟打到壮，壮年打钟打到老，老年打钟打到死，死了，还靠徒弟徒子徒孙打下去。林人们！要打得准，打得猛，打得紧！一直打到黄河流碧水，赤地变青山，才对得起自己，对得起林钟！"这种饱含家国情怀的击钟精神，正是梁希先生一生的写照。

梁希先生除了专心学术研究，还积极投身社会工作。1935年，他被选为中华农学会理事长，任期6年。抗战期间，他积极参加筹办中国科学工作者协会，并任副会长，竺可桢为会长。1944年为积极响应中国共产党的号召，梁希先生与许德珩等组织了"民主科学座谈会"，于1945年9月3日将"民主科学座谈会"正式定名为"九三座谈会"，并于1946年5月4日召开"九三学社"成立大会，梁希先生等任监事。1950—1958年，他任九三学社副主席。1947年成立中国科学工作者协会南京分会，他被选为理事长，1949年被选为常务委员，以后又被选为第二届常务委员。1949年8月中央大学改名南京大学后，梁希先生出任校务委员会主席。1950年他被选为中华全国科学技术普及协会主席，1951年当选为中国林学会理事长，1954年当选为第一届全国人民代表大会代表，1958年当选为中华人民共和国科学技术协会副主席。尤为可敬的是，他在很多政治活动中旗帜鲜明地站在进步力量一边，坚决反对反动统治的倒行逆施，留下了许多感人的事迹。

中华人民共和国成立后，梁希先生被任命为中央人民政府林垦部（1951年改为林业部）部长，年近古稀的他，抱着"为人民服务，万死不辞"的决心，不断推动林业相关体系的发展。他认为，红色的共产主义中国必须是绿化的中国。在 1951 年 1 月中南区农林生产总结会上，他提出："如果红色的共产主义的中国先行到来，而绿色的山林还没有见到，那么，即使撇开了国土保安问题和国民经济问题不谈，单论表面形式，也是极不调和的，同样红色的中国，也必须有绿色山林配合。"他在 1951 年 3 月 8 日给《中国林业》杂志的题词中写道："除了雪线以上的高山，要把它全体绿化，而不容许有黄色，这是我们的远景。"所有这些话语代表了梁希先生致力中国林业和绿化祖国的设想，他直到生命的最后时刻，仍然对此念念不忘。梁希先生病中所写的《让绿荫护夏、红叶迎秋》，是他留下的最后一篇文章，描绘的神州大地是一幅美丽的图画："山青了，水也会绿；水绿了，百水汇流的黄海也有可能渐渐地变成碧海。这样，青山绿水在祖国国土上织成一幅翡翠的图案。"

1958 年 12 月 10 日凌晨 5 时梁希先生辞世，告别了他为之奋斗的林业事业，停止了对"林钟"不断、勤奋地敲击。梁希先生去世后，周恩来、彭真、邓子恢、习仲勋、郭沫若、陈叔通、李维汉、许德珩等 36 人组成治丧委员会，沉痛悼念一代宗师与世长辞。1983 年 12 月 28 日是他诞辰一百周年，全国政协、九三学社中央、中国科协、林业部、中国林学会、中国农学会于 12 月 15 日在北京联合举行纪念大会，回顾了梁希先生热爱祖国、热爱人民的一生，高度赞扬他是"中国共产党的真诚朋友，我国林业界的一代师表，我国科技界的一面旗帜"。

梁希先生经常以诗言志，早在辛亥革命前，已经加入同盟会的他就经常在东京出版的《民报》上撰写诗文，挞伐腐败辱国的清王朝。梁希先生的诗不尚藻采，但笔淡意浓，诗味隽永。曾有人评论道："梁希不成为林学家，也会成为诗人，不，梁希既是林学家，也是诗人。"

我们在整理章鸿钊先生的捐赠的过程中，发现保存的梁希先生信函、明信片较多，可见二人交情匪浅。章鸿钊 1877 年 3 月 11 日生于浙江省吴兴县（今湖州市），是我国著名的地质学家、地质教育家、地质科学史专家，为中国近现代地质学创始人和奠基人之一、中国地质学会首任会长，开中国地质科学史研究之先河，对早期中国地质事业作出了重大贡献。在章鸿钊先生的《六六自述》中也曾多次提到梁希先生："予时与叔五往还唱和，尤以咏菊诗为多。盖叔五尚未忘去冬半粟斋头之残菊也。其因爱花而及友欤，抑爱友而及花欤……犹忆叔五留德时，每月必有绘叶书投予，每叶必题一二好词，多或三四首，或数日一至，或间日一至，其或一日数至。于是予得绘叶书愈多，好词亦愈多，乃为专备书册储之，一册储满，又易一册，至再至三，暇则展而玩之，既爱其人，又爱其诗，并得饱览海外之妙绘，其为乐乃真无已时也。""民国十九年，予于闲居中偶动吟思，便与梁叔五希、徐子球两兄往来唱和为乐，亦不计其工拙也。两君皆予旧友，叔五时在南京，与子球初不相识，两人每得佳句，辄由予居中传递。古人所谓神交，信有之矣。"

为缅怀梁希先生，弘扬老一辈科学家的爱国奉献精神，我们整理了梁希先生写给同乡好友章鸿钊的信函及明信片。这批书信内容丰富，其中既有以诗言志、以歌咏言、畅谈理想、抒发情怀的内容，也有饱含对战乱频仍、国势日衰的怅惘，还有对国家命运、民族前途的思考和探索。书信不仅是挚友间传言问询、畅抒胸臆的工具，还记录了当时的人文风情、美景和建筑。虽历经百年，明信片上的中华民国、德国、奥地利、瑞士、捷克等国的邮戳仍清晰可见，极具资料价值。这批珍贵的书札时间跨度近30年（主要为民国时期），其史料价值弥足珍贵，不仅见证了两位老先生历久弥坚的友谊，更是见证了老一辈科学家所怀的拳拳赤子之心和报效国家的精神。

本书将相关信函、明信片总体以时间先后排序，影印原件，并录文。无法识别的文字以"□"指代，补充缺字用"[ ]"，原件因用字习惯、笔误等造成的疑误字、同义字在其后用"〔 〕"注明规范用字，并对部分重要的人名、地名、事件等进行注释。个别信函、明信片因无法断定具体时间，只能以其内容或信笺、邮戳进行推测，并用方括号标记并进行说明。亦有部分文字内容、日期或落款属于上一页的图片，这是由于一张明信片正反两面所致。为方便阅读，此类两页或多页内容关联的信件均对文字内容进行归并处理。部分诗题原作者标记在文末，为方便阅读统一移到诗文前。作者自注，有些以括号表示，有些以小字夹注，现均以小字夹注方式表示。因整理者识见有限，错漏之处在所难免，敬请读者指正。

编者

2023 年 7 月 7 日

目　录

1923

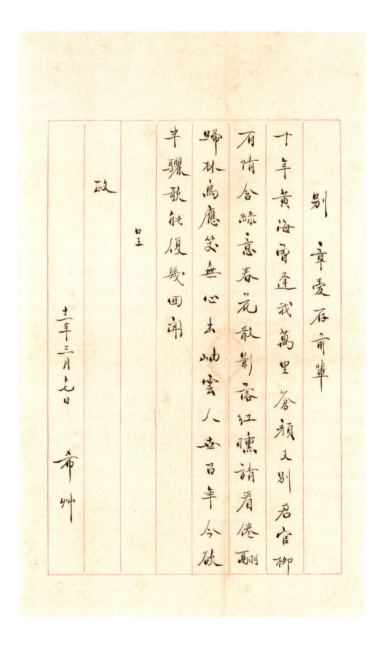

1923 年 3 月 17 日

别章爱存前辈

十年黄海曾逢我，万里苍颜又别君。

官柳有情含绿意，春花散影落红曛。

请看倦翮归林鸟，应笑无心出岫云。

人世百年今欲半，骊歌能复几回闻。

呈政

希草

十二年三月十七日

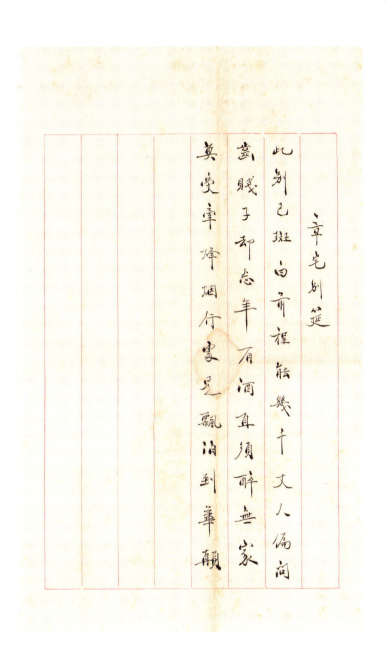

章宅别筵

此别已斑白，前程能几千?

丈人偏问齿，贱子却忘年。

有酒直须醉，无家莫受牵。

烽烟行处是，飘泊到华颠。

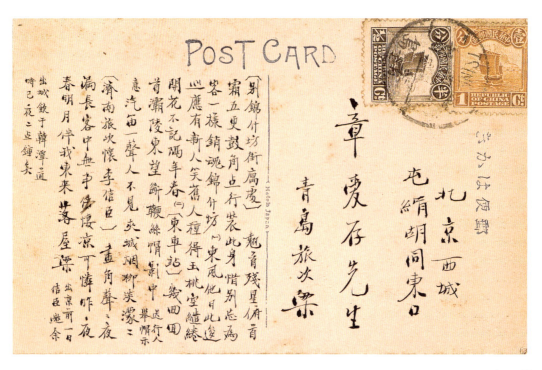

1923 年 3 月 30 日

北京西城屯绢胡同东口

章爱存先生

　　青岛旅次梁

别锦什坊街寓处[①]

翘首残星俯首霜，五更鼓角点行装。

此身惜别忘为客，一样销魂锦什坊。（一）

东风他日此逡巡，应有新人笑旧人。

种得玉桃空缱绻，开花不记隔年春。（二）

东车站

几回回首灞陵东，望断鞭丝帽影中送行人举帽示意。

汽笛一声人不见，夹城烟柳淡濛濛。

济南旅次怀李信臣[②]

画角声声夜漏长，客中无事倍凄凉。

可怜昨夜春明月，伴我东来落屋梁出京前一日，信臣邀余出城，饮于韩潭道，时已夜二点钟矣。

①锦什坊街：也叫锦什坊胡同，是北京市西城区乃至全市最老的胡同之一，南起太平桥大街，北至阜成门内大街，因元金城坊得名。

②李信臣：出生年月不详，早年留学日本，民国时期曾任内务部编译处编译员，翻译有《日本公用征收法释义》《日本警察法释义》等。

花朝独游大明湖历下亭

孤踪到处自逍遥，杯酒无须北海邀。

十里长堤两行柳，大明湖上百花朝。

谢农校诸同志雅园在大明湖畔饯别

华堂今夜尽欢娱，春满人间酒满壶。

醉立绿杨堤上望，一天星斗浸明湖。

呈政

素吾[1]

十二年三月三十日

---

①疑为梁希署名。

（博文堂發行）　青島麻布町の一部
THE AZABU ST TSINGTAU

[1923 年 4 月 4 日]①

---

①原件未署年代，邮戳上年月日不清晰，因梁氏 1923 年由青岛至香港再至德国，故编者推测为 1923 年 4 月 4 日寄自青岛。

北京西城屯绢胡同路南
章爱存先生

　　爱存老哥赐鉴。发上一片，谅入台鉴！弟留青六日矣，参观游览，备极忙碌。尤可笑者，青岛街道平平，风不扬尘，雨不泞泥，害得我赶来赶去，腿也走痛了，精神也走乏了，反不如在京时之终朝安逸，从不徒行也。今日下午乘太古轮船[①] 南旋，与青岛作别矣。此请春安！

　　如览回环画锦屏，六街窗户样珑玲。

　　白墙红瓦黄沙路，衬出云天万里青。

　　君方先生嘱笔道候。

希

四月四日

---

①太古轮船：即太古轮船公司（The China Navigation Co Pte. Ltd.，缩写：NGPL，中文简称：太古轮船）1872 年成立，是英国太古集团有限公司全资拥有的远洋航运公司。

[1923 年 4 月 7 日]①

北京西城屯绢胡同路南

章演群先生

演群老哥赐鉴：

　　弟四号到申，于今三日矣。懒写信，怕出门，出门不知途径。问路人不答，问巡警不答，至洋车则惟竹杠是敲，更不足恃矣。到处总是受气，未知北人不晓南语者，来此更当发何种感想也？弟到埠时即被舟子_{舢板}敲了竹杠，且受了他的闲气，曾有句云：

　　相逢②牴〔抵〕触勿辛酸，已到江湾黄浦滩。

　　如此折腰宁贬节，即今短发莫冲冠。

　　虚心老子容人易_{"易"字改"惯"字}，冷面春申作客难。

　　细故高贤非所计，须知唾面有时干。

　　翰若兄均此

　　　　　　　　　　　　　　　　　　　　　　　　　　　　弟希顿首

①此明信片上邮戳日期模糊，推测为 1923 年寄自上海。
②原文有标注符号以示删除，下同。

通信处：上海二洋泾桥通易银行严励常[1]先生转交

①严励常（1869？—1944），早年加入同盟会，与徐自华共收秋瑾侠骨。

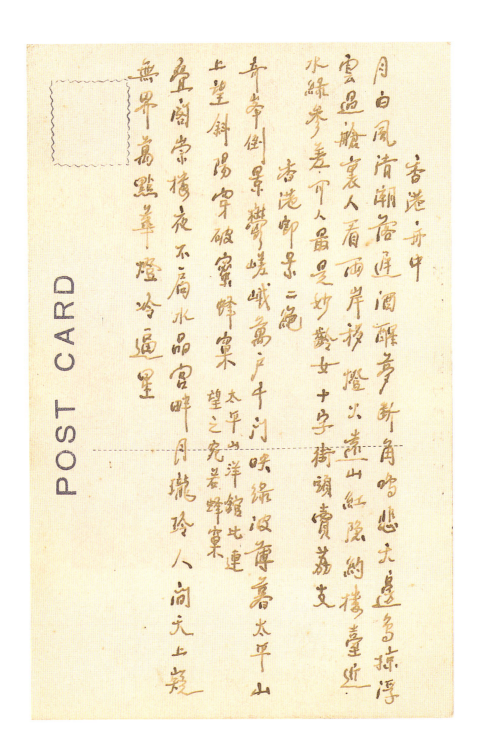

香港·舟中

月白風清潮落逐回瀾
斷角鳴悲夫遠島掠浮
雲遠瞻裏人看兩岸移
燈火荒山紅隱約樓臺近
水綠染差眇是妙齡女十字街頭賣荔支

香港即景二絕

奇峰倒景樹嵯峨萬戶千門映綠波薄暮太平山
上望斜陽穿破蜜蜂窠
太平山洋館比連望之宛若蜂窠

盈商崇樓夜不扃水晶宮畔月瓏玲人間天上竸
無界爲點華燈玲遍星

[1923 年]①

---

①时间不详，编者推测为 1923 年前往德国时途经香港所寄。

No. 11   The Peak, Hongkong.

香港舟中

月白风清潮落迟，酒醒梦断角鸣悲。

天边鸟掠浮云过，舱里人看两岸移。

灯火远山红隐约，楼台近水绿参差。

可人最是妙龄女，十字街头卖荔支。

香港即景二绝

奇峰倒景[1]郁嵯峨，万户千门映绿波。

薄暮太平山上望，斜阳穿破蜜蜂窠 _{太平山洋馆比连，望之宛若蜂窠。}

叠阁崇楼夜不扃，水晶宫畔月珑玲。

人间天上疑无界，万点华灯冷逼星。

---

①景：同"影"。

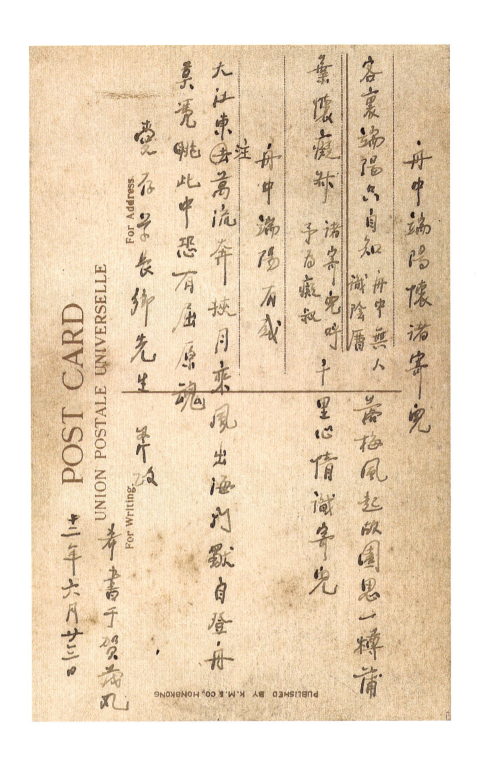

1923 年 6 月 23 日

238 Railway Station Kowloon, Hongkong

舟中端阳怀诸寄儿

客里端阳只自知_{舟中无人识阴历}，落梅风起故园思。

一樽蒲叶怀痴叔_{诸寄儿呼予为痴叔}，千里心情识寄儿。

舟中端阳有感

大江东注万流奔，挟月乘风出海门。

独自登舟莫凭眺，此中恐有屈原魂。

爱存学长乡先生斧政

希书于贺茂丸^①

十二年六月廿三日

———

①贺茂丸（Kamo Maru）：日本轮船。

57. — PARIS — Le Trocadéro vu sous la Tour Eiffel. A. P.
The Trocadero seen under the Eiffel Tower.

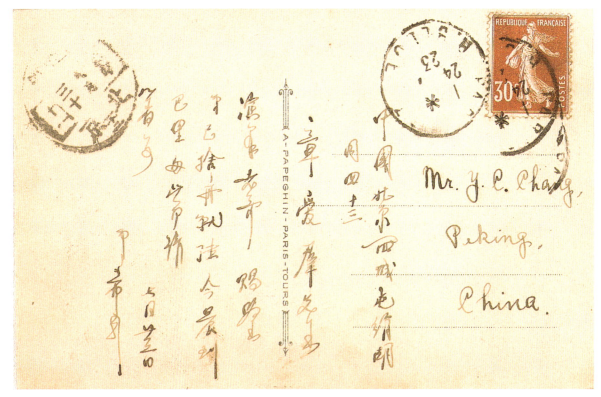

1923 年 7 月 23 日

14

Mr. Y. C. Chang, Peking China

中国北京西城屯绢胡同四十三

章爱群先生

　　演群老哥赐鉴。弟已舍舟就陆，今晨到巴里。匆此即请箸安。

弟希顿首

七月廿三日

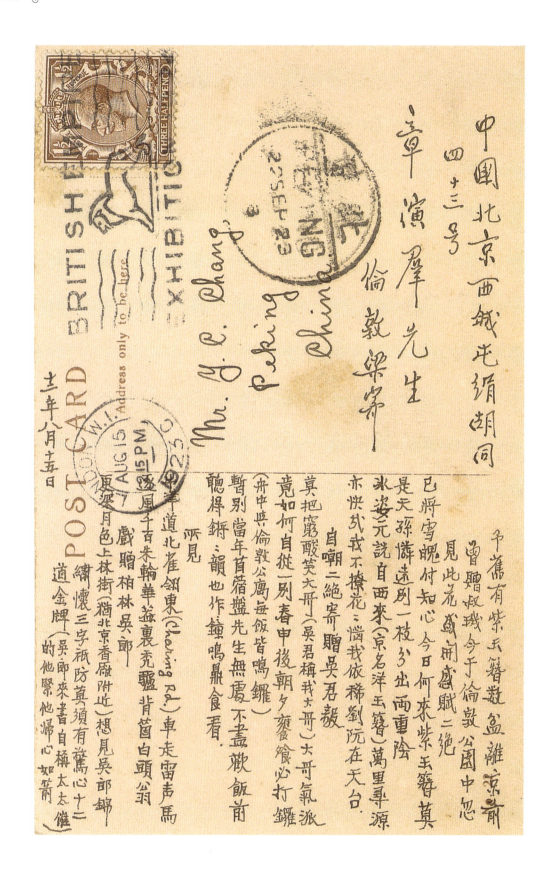

中国北京西城毛绢胡同

四十三号

章演羣先生

伦敦梁寄

Mr. Y. C. Chang,
Peking
China

POST CARD
BRITISH EXHIBITION
Address only to be here

予舊有紫玉簪數盎離涼前
曾贈叔璣今于倫敦公園中忽
見此花盛開感賦二絕

已將雪皚付知心今日何來紫玉簪莫
是天孫憐遠別一枝分出兩重陰
冰姿玉色說自西來(京名洋玉簪)萬里尋源
亦烘弋我不撩花三惱我依稀劉阮在天台

自嘲二絕寄贈吳君毅

莫把窮酸笑大哥(吳君稱我太哥)大可氣派
竟如何自從一別春申後朝夕饔飧必打鑼
(舟中與倫敦公寓每飯皆鳴鑼)
暫別當年首藉盤先生無處不盡歡飯前
聽得鑼;韻也作鐘鳴鼎食看.

所見

車道北崔翎東(Charing Rd.)車走雷聲馬
戲贈栢林華益裏禿驢背筒白頭翁
更愛月色上林街(猶北京香廠附近)想見吳部錦
繡懷三字祇防茰須有蹇心十二
道金牌(吳部來書自稱馬太太雖)
(的他緊他歸心如箭

十二年八月十五日

1923 年 8 月 15 日

Mr. Y. C. Chang, Peking, China

中国北京西城屯绢胡同四十三号

章演群先生

　　　伦敦梁寄

予旧有紫玉簪数盆，离京前曾赠叔玑①，今于伦敦公园中忽见此花盛开，感赋二绝

　　　已将雪魄②付知心，今日何来紫玉簪。

　　　莫是天孙③怜远别，一枝分出两重阴。

　　　冰姿元说自西来_{京名洋玉簪}，万里寻源亦快哉。

　　　我不撩花花恼我，依稀刘阮在天台④。

①许璇（1876—1934），字叔玑，浙江人。曾任北平大学农学院院长、中华农学会理事长等职。1905年夏天公派留学日本，1913年毕业于东京帝国大学农科。梁希在《黄垆旧话》中写道："许髯（因许璇蓄须，朋友们称之为"许髯"）所以多任教课，有两个原因：当时北农分农林两科，农科包罗万象，冷门功课，请不到教员，免不得大家要分任些，这是一个原因；还有一个原因，许髯是好学的人，他以为自家读过的书，有机会再用一番功，免得抛荒，也是好的。因此，他无论担任一种什么功课，一样聚精会神的用功，不肯苟且。学生呢，又人人欢喜听他讲，不论什么课，从他的温州话里讲出来，百样都是津津有味……"
②雪魄：玉簪花的代称，典故出自唐罗隐《玉簪》诗。
③天孙：即织女星。
④刘阮在天台：典故出自南朝宋刘义庆《幽明录》："汉明帝永平五年，剡县刘晨、阮肇共入天台山取谷皮，迷不得返。"在此形容仙家生活。

自嘲二绝寄赠吴君毅①

莫把穷酸笑大哥_{吴君称我大哥}，大哥气派竟如何。

自从一别春申后，朝夕饔飧必打锣_{舟中与伦敦公寓每饭皆鸣锣。}

暂别当年苜蓿盘②，先生无处不尽欢。

饭前听得锵锵韵，也作钟鸣鼎食看。

所见

牛津道北雀翎东 Charing Rd.，车走雷声马逐风。

千百朱轮华盖里，秃驴背个白头翁。

戏赠柏林吴郎

更深月色上林街_{犹北京香厂附近}，想见吴郎锦绣怀。

三字只防莫须有，惊心十二道金牌③_{吴郎来书，自称太太催的他紧，他归心如箭。}

---

①吴永权（1886—1961），字君毅，四川人。曾任北京法政大学教务长、四川大学法学院院长兼政治系主任等职。

②苜蓿盘：即盘中尽为菜蔬，犹言生活之清苦。后即以"苜蓿盘"比喻清贫之生活。

③十二道金牌：宋代用金牌传递赦书及军事上最紧急的命令，由内侍省派人递送。连续十二道金牌，表示命令万分紧急和重要，后用"十二金牌"作为紧急命令的代称。

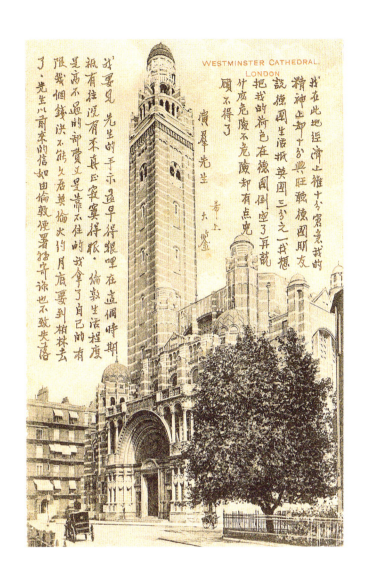

我要见先生的手示还早得狠哩，在这个时期，只有往没有来，真正寂寞得狠。伦敦生活程度是高不过的，部费又是靠不住的，我拿了自己的有限几个钱，决不能久居英伦，大约月底要到柏林去了，先生以前来的信，如由伦敦使署转寄，谅也不致失落。

我在此地经济上虽十分窘急，我的精神却十分兴旺，听德国朋友说，德国生活抵英国三分之一，我想把我的荷包在德国倒空了再说，什么危险不危险，却有点儿顾不得了。

演群先生大鉴

希上

十二年八月十五日

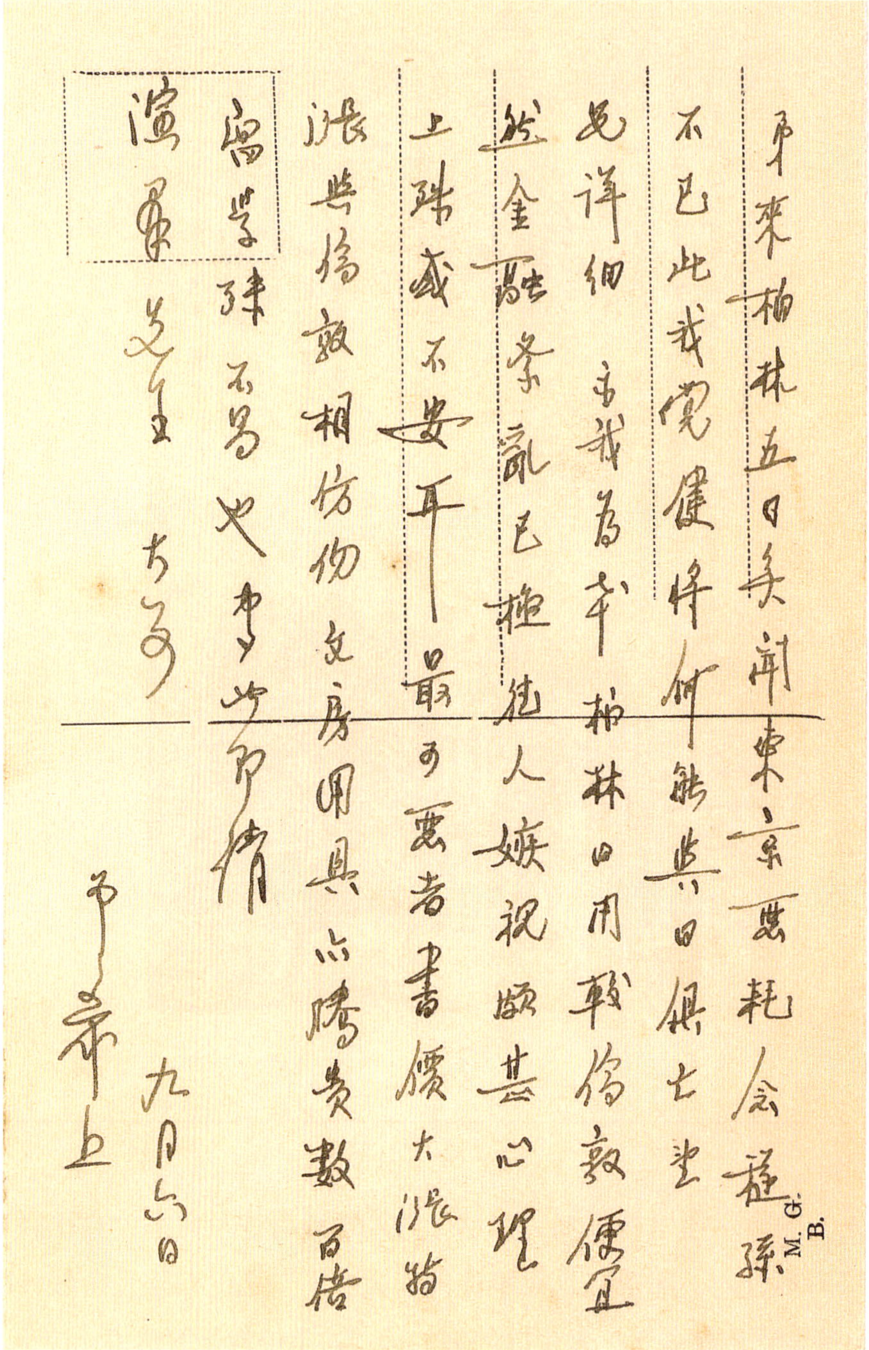
弟于来柏林五日矣，闻东京恶耗，念廷孙不已，此我觉健件何能共日俱亡，望见详细。弟我为[illegible]柏林日用较为数便宜，然金融紊乱已极，德人嫉视殊甚，心理上殊感不安耳。最可恶者书价大涨，皆涨与为数相仿佛，文房用具亦腾贵数百倍，留学殊不易也。专此即请

渔叔先生大安

弟[illegible]上

九月六日

M.G.B.

1923 年 9 月 6 日

弟来柏林五日矣，闻东京恶〔噩〕耗[①]，念樾孙[②]不已。此我党健将，何能与日俱亡，望兄详细示我为幸。

柏林日用较伦敦便宜，然金融紊乱已极。德人嫉视颇甚，心理上殊感不安耳！最可恶者，书价大涨特涨，与伦敦相仿佛，文房用具亦腾贵数百倍，留学殊不易也！专此即请演群先生大安。

弟希上

九月六日

①1923年9月1日日本关东地区发生7.9级强烈地震。

②钱樾孙（1890—1936），浙江吴兴人，钱恂次子。民国早期农学家，近代著名外交官、学者。先后在北京农事试验场、北京大学、农商部、中国驻日公使馆等任职。与梁希同为中华农学会直隶干事。关东大地震时在日本留学。

1924

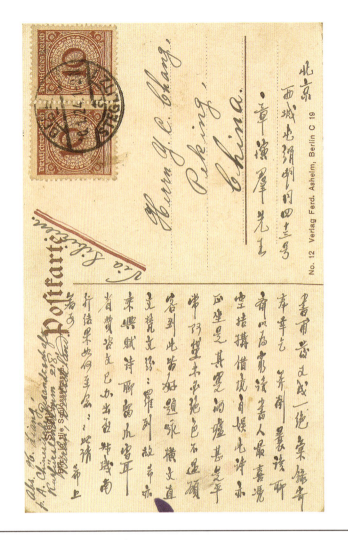

1924 年 1 月 10 日

Herrn Y. C. Chang, Peking, China

北京西城屯绢胡同四十三号

章演群先生

　　书甫发，又成一绝[1]，汇录寄奉，幸乞斧削。

　　曩[2]读《聊斋》，以为穷读书人最喜凭空拮构[3]，借境自娱，此诗亦正坐是。其实酒垆甚是平常，阿黛未必绝色，不过顾客到此皆好题咏，横文、直文、梵文，纷纷罗列，故希亦乘兴赋诗，聊留爪雪[4]耳。

　　省费咨文已办出否？叔玑南行结果如何？至念至念！此请箸安。

希上

①此诗未附于该明信片上。

②曩：过去、从前。

③拮构：虚构。

④爪雪：来自成语雪泥鸿爪，指鸿雁在泥雪地上留下的爪印。比喻留下的痕迹。

韩志勤聂汤谷[①]别宴题当垆阿黛姊妹绣本二绝

　　穷愁别绪酒胸襟，为有名花踏雪寻。
　　人说千金赢一笑，老夫只掷几多金。

　　半天风雪两婵娟，诗被催成句未圆。
　　但得时将尘拂拭，碧纱红袖一般传。

演群学长斧政

　　　　　　　希寄自柏林
　　　　　　　民国十三年一月十日

①聂汤谷（1894—1981）。湖南桃源人。毕业于日本东京帝国大学化学系，在德国获博士学位。中国化学工业先驱、实业家。

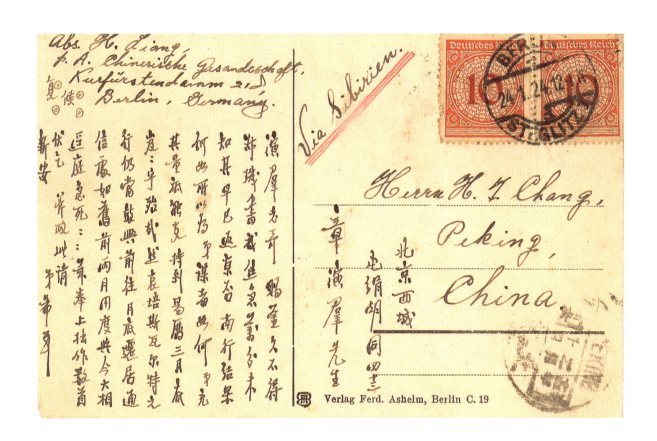

Abs. H. Liang,
p. A. Chinesische Gesandtschaft,
Kurfürstendamm 21
Berlin, Germany.

Via Sibirien.

Herrn H. T. Chang,
Peking,
China

章演群先生

北京西城
羊绒胡同四号

Verlag Ferd. Ashelm, Berlin C. 19

演群先生 赐鉴久不得
斯琼来书我进之甚为不乐
知其早已返东省 南行结果
何如所以为兄谋者此何克
其量承乾克持到暑历三月底
底：今始我以袁培斯瓦尔特克
行仍尝赴兴前往月底迁居通
信仍如旧前两月用度兴今大相
逕庭急死三年奉上拈作教首
悦之 常政此请
新安 弟希年

1924 年 1 月 23 日

Herrn H. T. Chang, Peking, China

北京西城屯绢胡同四十三

章演群先生

演群老哥赐鉴：

久不得叔玑书，我焦急万分，未知其早已返京否？南行结果何如？所以为弟谋者如何？弟充其量只能支持到阳历三月底，岌岌乎殆哉！然哀培斯瓦尔特之行仍当鼓兴前往。月底迁居，通信处如旧，前两月用度与今大相径庭，急死急死！兹奉上拙作数首，伏乞斧政。此请新安。

弟希顿首

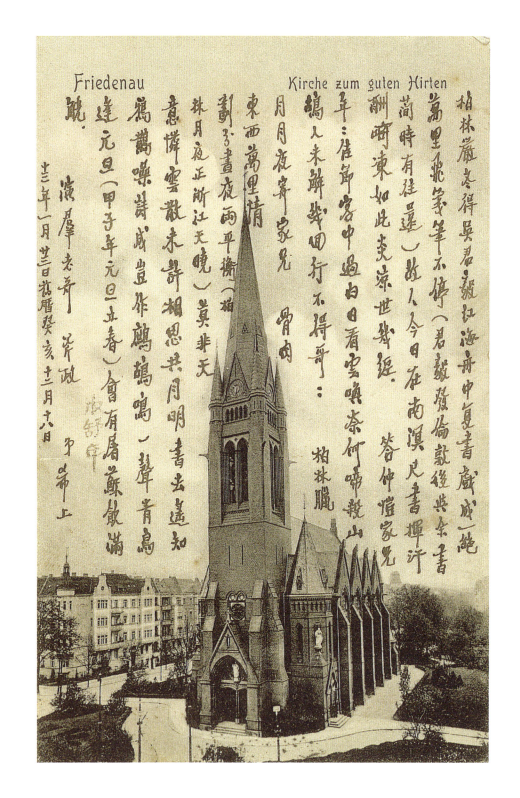

柏林严冬得吴君毅红海舟中复书戏成一绝

万里飞笺笔不停君毅发伦敦后与余书简时有往还，故人今日在南溟。

尺书挥汗酬呵冻，如此炎凉世几经。

答仲恺家兄①

年年佳节客中过，白日看云唤奈何。

啼杀山鸪人未解，几回行不得哥哥②?

柏林腊月月夜寄家兄

骨肉东西万里情，划分昼夜两平衡柏林月夜正浙江天晓。

莫非天意怜云散，未许相思共月明。

书去遥知鸦鹊噪，诗成岂作鹧鸪鸣。

一声青鸟逢元旦甲子年元旦立春，会有屠苏饮满觥。

演群老哥斧政

弟希上

十三年一月廿三日旧历癸亥十二月十八日

---

①仲恺家兄：梁希二哥梁炘，字仲恺。
②行不得哥哥：鹧鸪叫声的拟意。

Herrn H. T. Chang,
Peking,
China.

北京西城亞斯胡同四十三

Via Sibirien.

Berlin-Steglitz　Kirche — Schloss-Strasse

30. Januar, 13.

Herrn H. T. Chang, Peking, China

北京西城屯绢胡同四十三

章演群先生

张少涵[1] 过柏林，欢叙数日，戏成三首，皆写当时实事

（一）太瘦

少涵见予大惊，谓予太瘦，作此解嘲。

鹤骨凌竞画不成，天涯落魄一身轻。

此中未带吟诗苦，愧杀人呼太瘦生[2]。

（二）和君茶约

少涵、海秋、汤谷及予四人为践曾和君茶约，黑夜造访，海秋毅然自任向导，竟以误记门牌闯入他家。

剥啄寻盟试饼茶，黄昏误入别人家。

者番向导无多病，指点门牌一字差。

（三）菩提树下 Unter den Linden. 地名[3]

少涵初来柏林，至菩提树下觅私人兑钱，被妇人引入崇楼。少涵以为钱商秘室也，见男子当门，即示以美金票，男子大呼群花，回问："大相公需要若干小时？"少涵知误入妓馆，废然而返。

此去菩提路未赊，斜风吹过两三家。

楼头笑杀金龟婿，误认榆钱唤落花 榆钱，榆之实，非花。

这几天紧要关头，不得国内信札，想省费事已落空矣。

此请演哥近安

弟希顿首

30，January，13

---

①张少涵：即张贻惠（1886—1946），字少涵，安徽人，物理学家、教育家。他首先在国内高等院校开设原子构造论课程（即原子物理学）。

②太瘦生：出自唐代李白的《戏赠杜甫》："借问别来太瘦生，总为从前作诗苦"。

③菩提树下大街 Unter den Linden：德国柏林的著名街道。

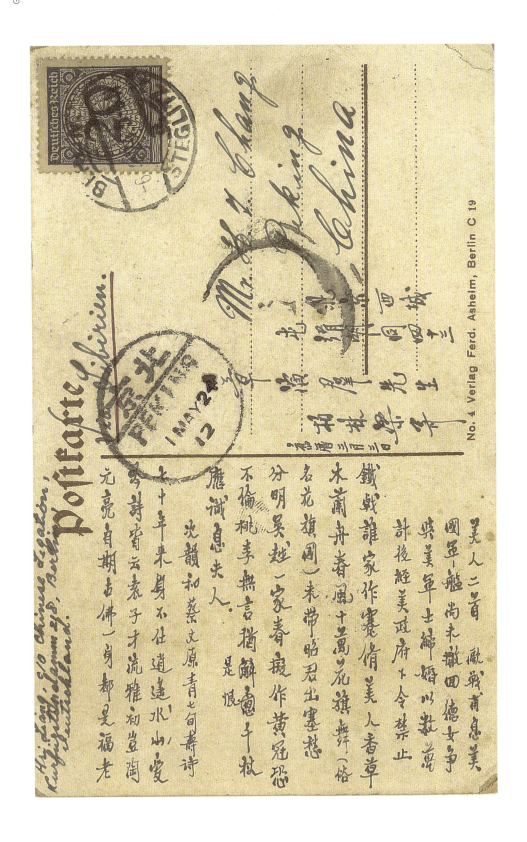

No. 4 Verlag Ferd. Asheim, Berlin C 19

美人二首 獻戰甫息美

國罕一艦尚未撤回德女爭

與美軍士締婚以救荒

計後經美政府下令禁止

鐵戰誰家作賽俏美人香草

木蘭舟春風十二萬花旗舞（恪

名花旗國）未帶昭君出塞悲

分明吳越一家春擁作黃冠恐

不倫桃李無言猶解鬥千枝

是恨

火韻和蔡文原青七句壽詩

六十年來身不仕道遠水山愛

寄詩霄云袤子才流雜初豈陶

元亮自期古佛一身都是福老

應誠息夫人

聯合派此無為尺書萬里喜當賀明日黃

花遲來遲　　抛郤人寰三尺劍（蘇史善拳

術尚義俠）歸來花鳥一開民百年夢

健陶宏景萬古風流賀年真

過眠名山皆雅秋

宅心秋水不留塵天長地久

無窮盡都道先生是谷神

〔附原作〕　　七十老人逢甲子未能

竟恙就吟詩詩情寒似孟東野春

境寬于榮戚期那紀平生小歷憂不

知何者大行為歸依無候黃海

問法我皆空悟已遲　　校國于今

民國二二那客奴性号遺民顛連國步

她騁純粹民心課我真揆揆河清人往壽就非兵

滄世終塵渾茫無神我自性自尊此即神

演晕學長　吟壇

希鼓呈

Mr. H. T. Chang, Peking, China

北京西城屯绢胡同四十三

章演群先生

柏林梁寄

旧历三月三日

美人二首

欧战甫①息，美国军舰尚未撤回，德女争与美军士缔婚，以数万计，后经美政府下令禁止。

铁戟谁家作蹇修②，美人香草木兰舟。

春风十万花旗舞俗名花旗国，未带昭君出塞愁。

分明吴越一家春，拟作黄冠恐不伦。

桃李无言犹是恨，千秋应识息夫人。

①甫：刚刚。
②蹇修：媒妁。

次韵和蔡丈原青①七旬寿诗

七十年来身不仕，逍遥山水②爱吟诗。

皆云袁子才③流雅，初岂陶元亮④自期。

古佛一身都是福，老聃⑤合派此无为。

尺书万里吾当贺，明日黄花迟未迟。

抛却人寰三尺剑_{蔡丈善拳术尚义侠}，归来花鸟一闲民。

百年勇健陶宏景⑥，万古风流贺季真⑦。

过眼名山皆挂杖，宅心秋水不留尘。

天长地久无穷尽，都道先生是谷神。

（附原作）

七十老人逢甲子，未能免俗欲吟诗。

诗情寒似孟东野⑧，老境宽于荣启期⑨。

那纪平生小历史，不知何者大行为。

归依无俟黄梅问，法我皆空悟已迟。

杖国⑩于今民国□，那容奴性号遗民。

颠连国步由他骋，纯粹民心课我真。

欲俟河清人枉寿，就非兵乱世终尘。

浑茫性海⑪无神我，自性自尊此即神。

演群学长吟坛

希录呈

---

①蔡原青（1855—1947），名蒙，字原青，浙江吴兴双林镇人（今浙江湖州南浔区），编纂有《[民国]双林镇志》。

②原文有标注符号以示顺序调整，后同。

③袁子才：即袁枚。袁枚（1716—1797），字子才，号简斋，晚号随园老人，也称随园先生，钱塘（今浙江杭州）人。清代乾隆、嘉庆时期代表诗人之一，与赵翼、蒋士铨合称为"乾隆三大家"。

④陶元亮：即陶渊明。陶渊明（约365—427），字元亮，又名潜，私谥"靖节"，世称靖节先生，浔阳柴桑（今江西九江）人。东晋末至南朝宋初期诗人、辞赋家。

⑤老聃：即老子。老子，姓李名耳，字聃。春秋末哲学家、思想家、道家学派创始人。

⑥陶宏景（456—536），字通明，丹阳秣陵（今江苏南京）人。南朝齐、梁时道教学者、医药家、炼丹家，人称"山中宰相"。

⑦贺季真，指贺知章。贺知章（659—744），字季真，号四明狂客，越州永兴（今浙江萧山）人。唐代诗人、书法家。

⑧孟东野：即孟郊。孟郊（751—815），字东野，湖州武康（今浙江德清）人，一说洛阳（今河南洛阳）人。唐代诗人，少年时期隐居嵩山。

⑨荣启期（前595—前500），字昌伯，春秋时隐士，传说曾行于郕（今山东宁阳县东北一带）之野，对孔子自言得三乐成为美谈：为人，又为男子，又行年九十五。后世常用为知足自乐之典。

⑩杖国：七十岁的代称。

⑪性海：佛教用语，指真如之理性深广如海。

1924 年 6 月 3 日

题寓庐照相寄仲恺家兄一绝

万木丛中客子家，疏篱小屋趁溪斜。

者番桃李风吹尽，只有阶前棠棣华。

寄蔡丈原青两绝为丈上寿

烟月良缘花鸟邻，一家占尽万家春。

海天还作风流贼，偷得山光送丈人。

献曝野人分寿觊，赠花驿使立芳庭。

满园说是蟠桃树，留奉南山老寿星。

寄许叔玑、李次九两绝[①]

黛抹春山白炼云，风光端的要人分。

虚言莫信陶宏景，我已封来持赠君。

纵使投桃非为李，使君天巧在西湖。

六桥风致三潭月，欲附邮程寄得无。

寄爱存一绝

漫说桃源好避秦，梦魂灯火也伤神。

此间那比香山社，除却黄花尽故人 爱存香山诗云：除
却黄花尽故人。

寄曾和君一绝，用和君游撒逊王宫诗韵

春风烂漫此门墙，犹有桃花照夕阳。

他日秋林黄叶里，孤灯谁与话沧桑 和君诗云：秋林
黄叶话沧桑。

爱存老哥斧政

弟梁希草

十三年六月三日搭〔塔〕廊

---

①李次九（1870—1953）．原名鹏，浙江吴兴人。善诗词。早年留学日本，参加同盟会。著有《〈词选〉〈续词选〉校读》《历代名人传略》。

德国中部撒逊国① 特来斯登府② 塔廊市③ X④寓庐

①撒逊国：今译为德国萨克森州。

②特来斯登府：今译为德累斯顿。

③塔廊市：即 Tharandt（塔兰特），德国小镇，为森林植物学与动物学研究所（Institut für Forstbotanik und Forstzoologie）所在地，是德国历史上最为古老且至今原址尚存的森林科研机构。它始建于 1811 年，隶属于德累斯顿工业大学。

④X：指照片中标注有 X 字样的房子，此系梁希租住的寓所。

1924 年 6 月 3 日

朝起喜晴

一春苦雨[①]愁春老，朝起看天喜欲狂。

云断数峰青未了，烟开两岸紫丁香。

惜花小鸟喧晴急，觅粉游蜂趁日忙。

隔夜河山全改色，老夫也得换新装。

①苦雨：连绵不停的雨，久下成灾的雨。

听鸟鸣有感寄曾和君

绵蛮①枝上莺，硌磔②梁间燕。

君看百鸟群，同气何欢忭③。

客岂遭流刑，万里独严谴。

背却着衣镜，不见黄人面。

山居即事赠叔玑、爱存

高下陵坡万不平，阴晴天气两相争。

青山排闼④人无语，白雾蒙溪水有声。

反舌鸟栖垂柳稳，细腰蜂惹落花轻。

此中已觉禅机动，只是江湖未了情。

①绵蛮：小鸟或鸟鸣声。
②硌磔：同格磔，意为鸟鸣声。
③欢忭：欢欣雀跃。
④排闼：撞开门。

登山口占

雨后一回首，匆忙五日经。

寻春春不在，留有两山青。

星期雨述怀赠李次九

何处钟楼人起早，前宵书榻我眠迟。

烟花犹有江南梦，春树宁无渭北思。

往事休怀风月夜，今朝况是雨星期。

泥污夹道山行滑，闭户狂歌一展眉。

爱存老哥斧政

弟希草

十三年六月三日塔廊

1924 年 6 月

民国十三年六月游撒逊名山摄影寄赠演群老哥惠存

壁立双崖削，天高一度攀。

留鸿依怪石，附凤到名山。

骨露伊何瘦，心坚不是顽。

莫教逢米拜，我在却无颜。

梁希题

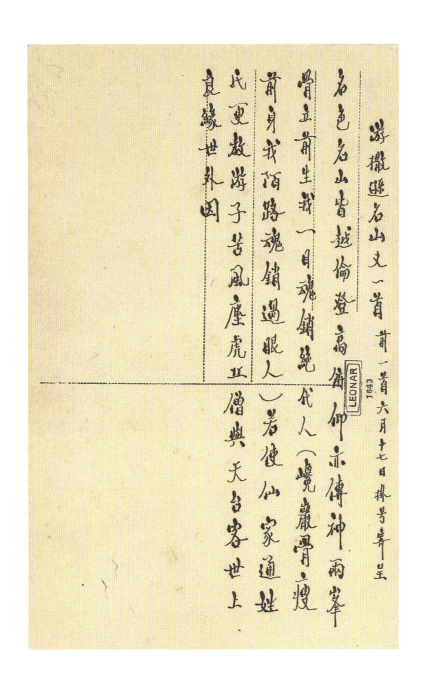

游撒逊名山又一首 _{前一首六月十七日挂号寄呈}

名色名山皆越伦，登高俯仰亦传神。

两峰骨立前生我，一目魂销绝代人 _{巉岩¹骨瘦前身我，陌路魂销过眼人。}

若使仙家通姓氏，更教游子苦风尘。

虎丘僧与天台客，世上良缘世外因。

①巉岩：陡而隆起的岩石，如悬崖或崖、孤立突出的岩石。

1924 年 8 月 9 日

此去尘寰不远，小桥流水人家。

酒醒孤馆何处，烟锁云封树遮。

图之左端为林校，出校门过桥即敝寓，惟四周绕以树木，图不能收而已。

演群学长

　　　　民国十三年八月梁希自德国塔廊寄赠

前此寄奉之敝寓照相，乃从屋后山上摄取，故疏篱小屋犹能于隐约中见之。此图乃敝寓门前溪流及隔溪行道，弟一日须过数遍，无聊时往往独立木桥，送泉水出山而已。弟此行不比留日，无目的，无希望，决不能从他日着想，凡目之所见、耳之所闻，即万分无聊，犹当就地寻乐，否则自取烦恼，此生亦太苦矣。未来事不必想此关系社会全局，不能一人独造境界，过去事不堪想日本旧同学来此者颇不乏人，彼辈皆兴高采烈，我只有"现在"两字，现在乐便乐，现在苦便苦。小桥流水，境极平常，我要寻乐就以此作天台、蓬莱看而已。学校是我凤池，学生即我优差。赵瓯北诗云："旁人不识饥驱出，只道从师负笈游"，不啻为弟咏也。此请大安。

弟希顿首

十三年八月九日

恳饬送屯绢胡同四十三号章宅

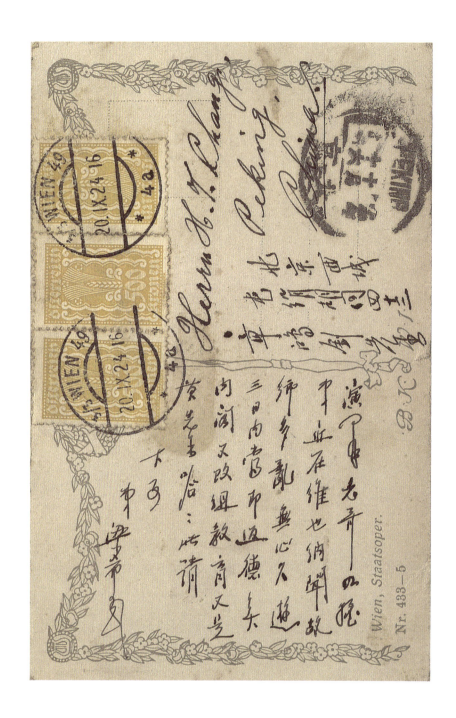

1924 年 9 月 20 日

Herrn H. T. Chang, Peking, China
北京西城屯绢胡同四十三
章鸿钊先生

演群老哥如握：

　　弟近在维也纳，闻故乡多乱，无心久游，三日内当即返德矣。内阁又改组，教育又是黄先生[1]，哈哈。此请大安。

　　　　　　　　　　　　　　　　　　　　　　弟梁希顿首

①此"黄先生"指黄郛。黄郛（1880—1936），原名绍麟，字膺白，浙江绍兴人。早年留学日本，先后入东京振武学校和日本陆军测量局地形科，加入同盟会。在日期间结识蒋介石、张群。曾任教育总长等职。

Luzern. Gletschergarten

此即冰山公园绘片也 羊外行即

偶有吟咏亦等庶相知

必为 兄所爱故遗赠 此片

左右

再看形势耳

中归窝后得叔珠长言书保口後

而他人代书有渠负欲促 甲束

归于当作夏锐辞明知者赏

风雨飘飖不可靠矣一日残

喘则一日苟延雅不欲于要风潮

中开入学界搅过姑笑数年而已

E. Gœtz, Kunstanstalt, Luzern. 5468

淡描诗调和现代潮流不极赞

戈盖新体诗太不成禄大可不

作诗本无用若此此为善勉用

自谓似乎看得太重文以记事非

此无妨以表示声教故为宣用起见白

许无妨若诗别完全美术品如烟

费本儿可不作而每阅之为抑越

诗不觉由魔麻诚以诗之为抑越

淡越难磨如少女倚罗犹能掩饰若素面

脂粉

苦布衣更见骨子新体诗似裸体无盐如何

商得

1924 年 9 月 27 日

Luzern. Gletschergarten

　　此即冰山公园①绘片也。弟外行，即偶有吟咏，亦等皮相，知此片必为兄所爱，故遗赠②左右。弟归寓后，得叔玑长言书，系口授而他人代书者。渠意欲促弟东归，弟当作复婉辞。明知省费风雨飘摇颇不可靠，然一日残喘，则一日苟延，雅不欲于恶风潮中，再入学界旋涡，姑俟数年以后再看形势耳。

　　淡描诗调和现代潮流，弟极赞成，盖新体诗太不成样，大可不作。诗本无用，若以此为苦，勉用白话，似乎看得太重。文以记事，非此无以表示声教，故为实用起见，白话无妨。若诗则完全美术品，如嫌费事，尽可不作。弟每阅当今新体诗，不觉肉麻。诚以诗之为物，越淡越难，譬如少女，绮罗脂粉，犹能掩饰，若素面布衣，更见骨子。新体诗似裸体无盐，如何看得！

十三，九，廿七

①冰山公园（Luzern Gletschergarten）：位于瑞士琉森（又译为"卢塞恩"）市。
②遗（wèi）赠：即赠送。

北京西城屯絹胡同
5

譯卿 如握 二月八月草正

記室奔奉上頭微 諒入

一章演群先生

Herr H. V. Chang,
Peking,
China.

Via Siberien.

c 25274

Dr.Trenkler & Co.
Aktiengesellschaft
Leipzig Stötteritz
Bromogold

三四两于外人尚須旺定價抬高
非所必需大可不必從前此馬
克跌價希面便宜故樂得置
か今非其時則地價調查所中
現有之物雖不能擱面尊處
亦可對付未如 尊克如何如為
隱居後打耳 意在必か予自
當承受諸己 剛奉此請 箸安希上

柏林友人索来面樣價目具
備然較之戰前已漲價十之

鏡目錄休乞 贄入此係由
答入此係由

Abs. Haidiang b. Pötzsch,
Lopra str. 1523, Dresden-Harang,
Deutschland.

1924 年 12 月 10 日

Herrn H. T. Chang, Peking, China
北京西城屯绢胡同四十三号
章演群先生

演哥如握：

　　十二月八日草函，谅入记室。兹奉上显微镜目录，伏乞察入。此系由柏林友人索来图样，价目具备，然较之战前已涨价十之三四，而于外人尚须照定价抬高，非所必需，大可不办。从前以马克跌价，希图便宜，故乐得置办。今非其时，则地质调查所中现有之物，虽不能携回尊寓，亦可对付，未知尊意如何？如为隐居后打算，意在必办，弟自当承受。诸乞酌夺，此请箸安。

　　　　　　　　　　　　　　　　　　　　　　希上
　　　　　　　　　　　　　　　　　　十三年十二月十日灯下

1925

1925 年 2 月 23 日

Herrn H. T. Chang, Peking, China

北京西城屯绢胡同四十三

章演群先生

后图乃撒克逊王宫之一部，在特来斯屯市上

演哥如握：

赐茶叶并辱大教，谨领，谢谢！茶叶弟自宝存，邮票老教授索去，布袋亦赠助手，惟铁筒压破，皆相向而叹。远来珍物备受玩赏，以其为真龙而非画龙也！最可笑者，老教授细阅尊书，爱不忍释，曰："好纸，好字！"弟不解彼何因而赞及字也。国事略较前有希望否？此请箸安。

希上

十四年二月廿三日

1925 年 4 月 29 日

演群老哥大鉴:

假中有柏林之游,归来得诵瑶章,欣喜无既。七校反对王九龄事,在柏林已有所闻[1],教潮牵涉政潮,已属失策,况教职员言语行动,犹有不检之处也。叔玑悻悻而去,偏又以此为口实,岂校务本纠纷,而欲以微罪行耶?相隔重洋,莫明真相,诚不识君子之所为矣。闻他方面言:农大一贫如洗,植树典礼且不能加入,近复愁及柴炭纸墨云云,则叔玑一肚皮牢骚或将藉此发泄耳。中山自是当代第一人物,虽瑜不掩瑕,而大旨无讹,

①王九龄(1880—1951),字竹村,云南省云龙县人。1905 年加入同盟会,历任云南省禁烟局督办、云南省财政厅厅长、富滇银行总行长、北洋政府教育总长、云南省总检察厅总裁委员、云南省高等法院委员、蒙自海关监督、云南省议会联署议员等职。1925 年 3 月任教育总长。时正值以北京女师大为首的学潮风起,上任即引起北京各学校师生的强烈反对。鲁迅《两地书》记载,4 月 10 日因北女师大校长事,许广平写信给鲁迅说:"此君(指王九龄)手里能够得个好校长么?"4 月 22 日鲁迅回信说:"由我看来,王九龄要好得多罢。校长之事,部中毫无所闻,此人之来,以整顿教育自命,或当别有一反从前一切之新法(他是大不满于今之学风的)。"4 月底托辞离职回云南,由章士钊暂兼教育总长。

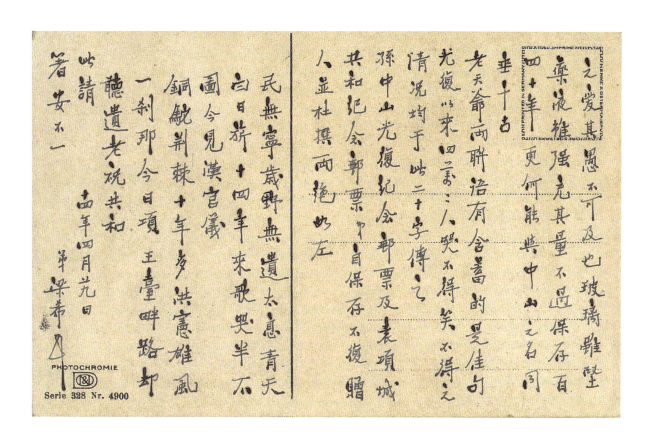

名垂青简，何待赘言。堪笑国民党人，不务其大者、远者，惟斤斤于衣衾棺椁，妇孺之仁，姑息之爱，其愚不可及也。玻璃虽坚，药液虽强，充其量不过保存百四十年，更何能与中山之名同垂千古！老天爷两联，语有含蓄，的是佳句，光复以来四万万人哭不得、笑不得之情况，均于此二十字传之。孙中山光复纪念邮票及袁项城①共和纪念邮票，弟自保存，不复赠人，并杜撰两绝如左：

①袁项城：即袁世凯。

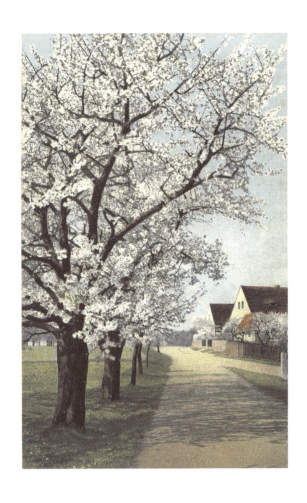

民无宁岁野无遗，太息青天白日旗。

十四年来歌哭半，不图今见汉官仪。

铜驼荆棘十年多，洪宪雄风一刹那。

今日项王台畔路，却听遗老祝共和。

此请箸安不一

弟梁希顿首

十四年四月廿九日

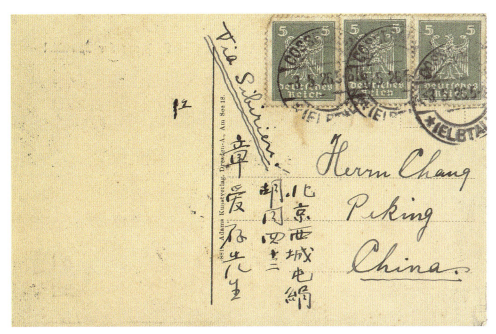

1925 年 5 月 1 日

Herrn Chang, Peking, China

北京西城屯绢胡同四十三

章爱存先生

绿叶成阴子满枝，海棠应恨我来迟。

不劳人把心情诉，且唱欧阳杜牧诗。

十四年五月一日书于绿阴丛中

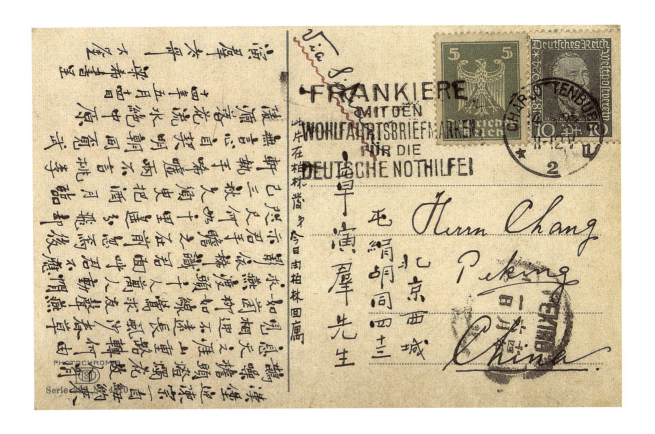

1925 年 5 月 14 日

Herrn Chang, Peking, China

北京西城屯绢胡同四十三

章演群先生

此片在柏林发，弟今日由柏林回寓。

汉堡迎陈宗一自纽约来

鹊噪檐头灯烛花，故人消息天之涯。山重路转何由见，相迎不远长风沙。春草如茵柳如线，莺求友声燕求燕。渡头千人万人动，帽影依稀识君面。呼君不应示君手，瞻之在前忽焉后。咫尺何如千里遥，分飞却已三秋久。须臾把酒月临轩，执手唏嘘两不言。桃李无言心自契，明朝同觅武陵源。落花流水绝中原。

演群老哥大鉴

梁希书呈

十四年五月十四日

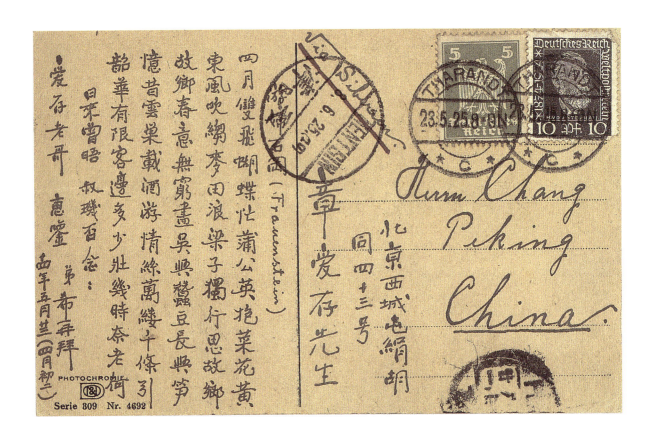

1925 年 5 月 23 日

Herrn Chang, Peking, China

北京西城屯绢胡同四十三号

章爱存先生

游妇石冈 Frauenstein[1]

四月双飞蝴蝶忙，蒲公英抱菜花黄。

东风吹绉麦田浪，梁子独行思故乡。

故乡春意无穷尽，吴兴蚕豆长兴笋。

忆昔云巢载酒游，情丝万缕千条引。

韶华有限客边多，少壮几时奈老何。

日来曾晤叔玑否？念念！

爱存老哥惠鉴

弟希再拜

十四年五月廿三（四月初二）

---

①妇石冈（Frauenstein）：今译为弗劳恩施泰因，位于德国萨克森邦。

濬峰老弟惠鑒 五月廿一日

賜書讀悉 政潮不息 紫潮不止 此言足

見高見 敢機久無信來 诒心中柳絮

所致霞飛興 才難無書詞往來 世繫

念時多不減于李信臣毛少俠楊是吾

諸兄此公狂言不合時宜并開美而不保

兄悅中山聯竟與甲同意足

奈何填仿而不得者君毅常言唐詩好

兒身听作不是妄斷尚算公評喜甚

萬壽山兩絕單寫景緻不涉議論此

高就在單寫景緻使讀者于景緻中

看出悲歡喜怒吾誦八尺龍頸方錦

褥已涼天氣未寒時等待始信君毅言

之不謬矣東北風雲如何弟于報上見吳

佩孚游湖南某：山詩云陶公高詠此山中

上有孫權避暑宮尋個漢樵說閒話晉

朝名士漢英雄真愛讀不已然逐來報

載吳與某帥合作則將軍真沒出息另

弟數日前游 撒遜圍場及行宮有句云

2388 Verlag: Rudolf Ahlendorf, Tharandt, Dresdnerstr. 56

Postkarte

雪中乘橇圖

Tharandt   Ausfahrt der Rodelbahn

1925 年 6 月 10 日

雪中乘橇图

演群老哥惠鉴：

五月廿一日赐书读悉。"政潮不息，学潮不止"，此言足见高见。叔玑久无信来，谅心中抑郁所致。霞飞与弟虽无书简往来，然系念时多，不减于李信臣、毛少侯、杨是吾诸兄。此公狂直不合时宜，并闲差而不保，奈何？兄挽中山联竟与弟同意，足见弟所作不是妄断，尚算公评，喜甚。万寿山两绝，单写景致，不涉议论，此弟所欲模仿而不得者。君毅常言，唐诗好处就在单写景致，使读者于景致中看出悲欢喜怒。吾诵"八尺龙须方锦褥，已凉天气未寒时"等诗，始信君毅言之不谬矣。

东北风云如何？弟于报上见吴佩孚游湖南某某山诗云："陶公高咏此山中，上有孙权避暑宫。寻个渔樵说闲话，晋朝名士汉英雄。"真爱读不已。然迩来报载吴与胡帅①合作，则将军真没出息矣。弟数日前游撒逊围场及行宫，有句另纸录上。

---

①胡帅：即张作霖，因其系是土匪出身，土匪在东北民间有"胡子"之称，故又被称作胡帅。

紙錄上 我兄欲將承聽呈繪片一、收入畫冊褒屋及烏可謂無微不至將来予歸國時重檢前書不知若何感想也昨日偶檢舊篋得離湖時曹興權女士（筹仲女礪金姓女）送別詩云流水無情送行客離懷一片縈孤舶西歐東亞一源通我欲將此心託河伯旁有鄭澤民附筆云此君動輒古詩奇事之：七古以外

Postfarte

尚有四首有「兮」字「些」字詞句甚長不及備錄 第以為二十歲女子身受教會学堂教化而能詩且好古詩寔在難得坐這個門生胡適之博士卻不屑收也一笑 弟從國內啓行不肯多攜書籍將有洶外書籍荒之患吳君毅勤予多看漢洋梅村詩兩書予皆未曾帶来徒呼負：此請

近祉

Verlag: Rudolf Ahlendorf, Tharandt, Dresdenerstr. 56 2478

英美日高壓中國学生勞動者聞之發立

去年六月十日 弟希白

Fütterung im Tharandter Wald

冬林放食圖

1925 年 6 月 10 日

冬林放食图

我兄欲将弟所呈绘片一一收入画册，爱屋及乌，可谓无微不至。将来弟归国时，重检前书，不知发何感想也。昨日偶检书箧，得离湖时曹兴权女士彝仲①女，砺金侄女送别诗云：

流水无情送行客，离怀一片萦孤舶。

西欧东亚一源通，我欲将心托河伯。

旁有郑泽民附笔云：此君动辄古诗，奇事奇事。七古以外，尚有四首有'兮'字'之'字，词句甚长，不及备录。弟以为二十岁女子，身受教会学堂教化，而能诗且好古诗，实在难得。然这个门生，胡适之博士却不屑收也，一笑。弟从国内启行时，不肯多携书籍，将有海外书荒之患。吴君毅劝弟多看渔洋②、梅村③ 诗，两书弟皆未曾带来，徒呼负负。此请近祉。

弟希顿首
十四年六月十日

英美日高压中国学生、劳动者，闻之发立。

①曹元鼎（1876—1971），字彝仲，浙江吴兴人，光绪三十年（1904）进士。
②王士禛（1634—1711），原名王士禛，字子真，一字贻上，号阮亭，又号渔洋山人，世称王渔洋，谥文简。山东新城（今山东桓台县）人。清初诗人、文学家。官至刑部尚书，颇有政声。著有《池北偶谈》《古夫于亭杂录》。
③吴伟业（1609—1672），字骏公，号梅村，别署鹿樵生、灌隐主人、大云道人。江苏太仓人。明末清初著名诗人，著有《梅村家藏稿》《梅村诗余》等。

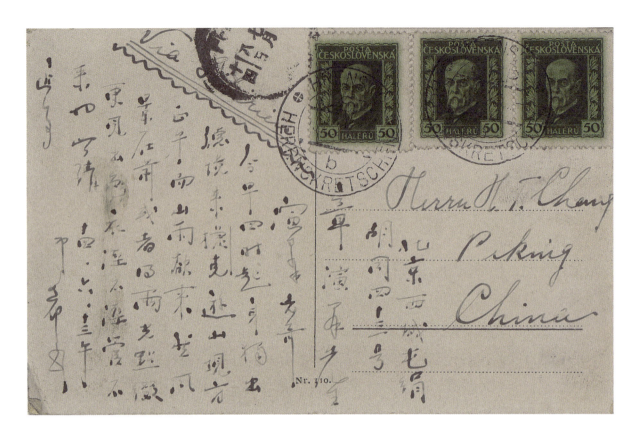

1925 年 6 月 13 日

Herrn H. T. Chang, Peking, China
北京西城屯绢胡同四十三号
章演群先生

演群老哥：

　　今早四时起身，独出德境，来捷克游山①。现方正午，而山雨欲来，然风景在前，或者得雨光点缀，更见出色，衣湿不湿管不来也！此请近安。

　　　　　　　　　　　　　　　　　　　　　　　弟希顿首
　　　　　　　　　　　　　　　　　　　　　　　十四，六，十三午

---

①明信片图片为波西米亚瑞士国家公园，位于德国和捷克边境，梁希信中所指风景应指此公园景色。

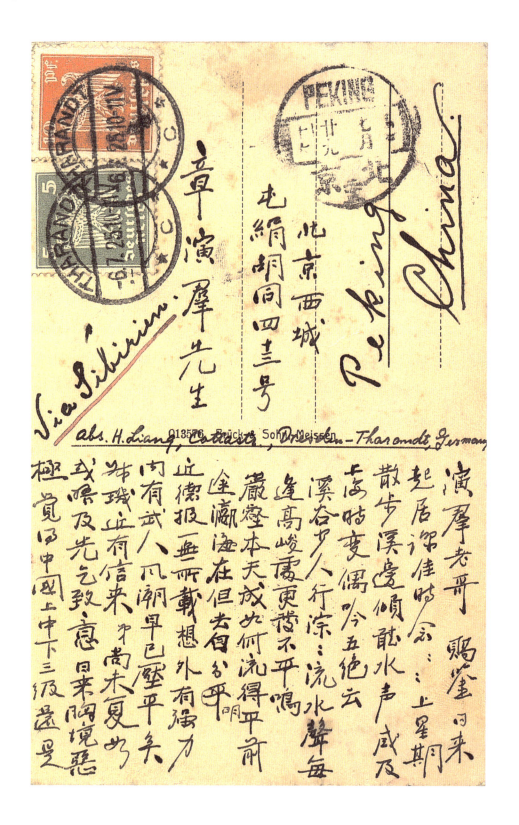

1925 年 7 月 6 日

Peking, China
北京西城屯绢胡同四十三号
章演群先生

演群老哥赐鉴：

日来起居谅佳？时念时念。上星期散步溪边，倾听水声，感及上海时变，偶吟五绝云：

溪谷少人行，淙淙流水声。每逢高峻处，更发不平鸣。

岩壑本天成，如何流得平。前途瀛海在，但去自分明。

近德报一无所载，想外有强力，内有武人，风潮早已压平矣。叔玑近有信来，弟尚未复，如或晤及，先乞致意。日来胸境恶极，觉得中国上中下三级还是学生好，虽年少好事，失学似乎可惜，然胸怀总是坦白，志气亦属清明，犹少陵所谓"在山泉水清"也。然而官家放弃内政外交不管，处处要学生出力，前途不堪问矣，为之奈何！此请箸安。

弟希顿首
民国十四年七月六日灯下

此赤塔廊秋景之一乃森林内
樹地故圍以栅欄以防踐躪　新植

遣懷二絕

客裏何時最遣愁黃昏庭院月當
樓關山無計憶歸夢一片鄉江在
枕頭

漫說山居花鳥鄰除將花鳥豈無
八雙懸玉鏡東西壁化個吳儂千
萬家

Herbststimmungsbild.
Tharandt.

Nr. 811

Kunstverlag: Reinhard Rothe, Meissen.

R. 17455

Folge 36　Nr. 2

1925 年 7 月 24 日

此亦塔廊秋景之一，乃森林内新植树地，故围以栅栏以防蹂躏

遣怀二绝

客里何时最遣愁，黄昏庭院月当楼。
关山无计遮归梦，一片乡江在枕头。

漫说山居花鸟邻，除将花鸟岂无人。
双悬玉镜东西壁，化个吴侬千万身。

演群老哥大鉴：

顷奉七月八日赐书_{只十六天送到，快极}，知无聊绘片竟蒙华装，且邀专宠，这样那里敢当，用杜撰一词，厚谢盛意！俊人[①] 兄来书同日收到，俟得宗一[②] 复信，再行答复。弟则一片野心被白云拘住，对不起前辈，对不起中国_{白白银钱用在外国}，夫复何言！故乡时时眷念，奈大势何！朝颜不忍让兄独赏，致对物怀人。然弟归则又无颜见朝颜，又将奈何！前有叔玑，后有俊人，人何勇往，我何懒残？惭愧！惭愧！此请箸安。

弟希顿首
十四年七月廿四日灯下十点二十分

---

①俊人：即陶昌善（1879—？），字俊人，浙江嘉兴人。曾任南京临时政府实业部农政司司长、北洋政府农林部农林司司长、国立北京大学农学院教务长等职。

②宗一：即陈嵘（1888—1971），字宗一，浙江平阳人，著名林学家、林业教育家、树木分类学家，中国近代林业的开拓者之一。

1925 年 7 月 24 日

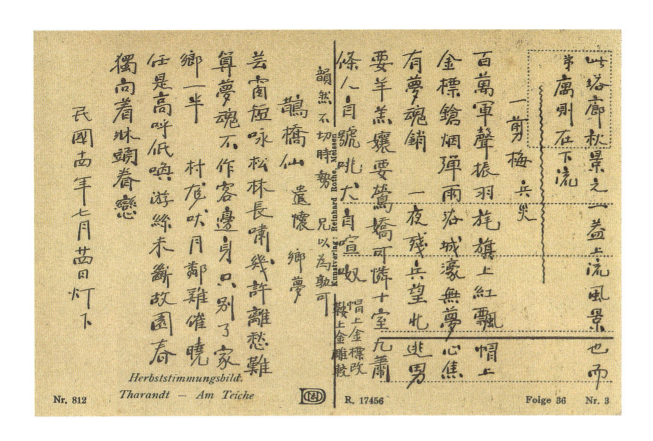

此塔廊秋景之一，盖上流风景也，而弟寓则在下流

一剪梅·兵灾

百万军声振羽旄，旗上红飘，帽上金标。枪烟弹雨浴城濠，无梦心焦，有梦魂销。

一夜残兵望北逃，男要羊羔，娘要莺娇。可怜十室九萧条，人自号咷，犬自喧呶。

"帽上金标"改"鞍上金雕"较韵，然不切时势，兄以为孰可？

鹊桥仙·乡梦

芸窗短咏，松林长啸，几许离愁难算。梦魂不作客边身，只别了家乡一半。

村尨[1]吠月，邻鸡催晓，任是高呼低唤。游丝未断故园春，独向着床头眷恋。

民国十四年七月廿四日灯下

①尨（máng）：多毛的狗。

鵲橋仙

雙魚屬意　孤鴻留心
散說當年文墨一
從飛道度瀟湘邵
占盡華堂春
色章臺柳

影梁園花
信裏許毫
無機密束
風偏為立開
彷道不苟旁
人攬入

寄題半栗
齋繪葉壽
冊

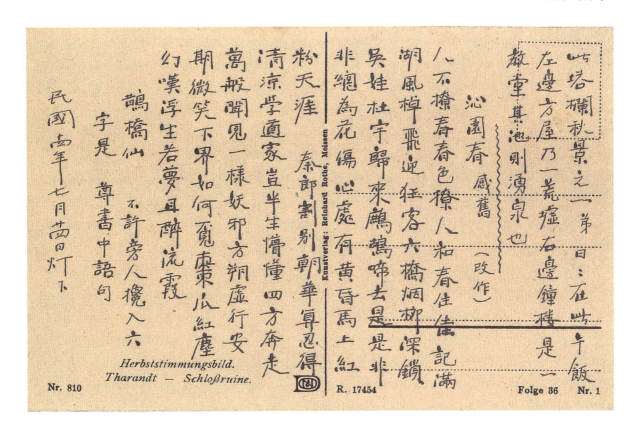

鹊桥仙·寄题半粟斋绘页书册

双鱼属意，孤鸿留爪，敢说当年文墨。一从飞遣度潇湘，却占尽、华堂春色。章台柳影，梁园花信，里许毫无机密。东风偏为立关防，道不许旁人换入。

此塔栏秋景之一，弟日日在此午饭。左边方屋乃一荒墟，右边钟楼是一教堂，其池则涌泉也。

沁园春·感旧 改作

人不撩春，春色撩人，和春住佳。记满湖风棹[1]，飞迎狂客；六桥烟柳[2]，深锁吴娃。杜宇归来，鹧鸪啼去，是是非非总为花。伤心处，有黄昏马上，红粉天涯。

秦郎[2]割别朝华，算忍得清凉学道家。岂半生懵懂，四方奔走；万般闻见，一样妖邪。方朔虚行，安期微笑，下界如何觅枣瓜。红尘幻，叹浮生若梦，且醉流霞。

《鹊桥仙》"不许旁人换入"六字是尊书中语句。

民国十四年七月廿四日灯下

---

①风棹：风中行驶的船。

②六桥烟柳：元代钱塘十景之一。

③秦郎：即秦观。秦观（1049—1100），字少游，一字太虚，号淮海居士，别号邗沟居士，扬州高邮（今江苏高邮）人。北宋婉约派词人。

Tharandt — Ruine

廢屋
樓閣凌空窗
戶明依稀
金屋兩三
檻回頭五
百年前事
如聽愁花
啼月聲
（屋在山上）

愛存老哥 大鑒 七月廿五日書片世同
收茶購得
片及八月初游山紀念片諒
西洋女孩畫兩頁可作 二郎公寫真
題句奉上幸乞 咖納陳君宗一已
直接有信復 俊八兄渠已就聘金陵
大學耳借用數筒 月薪水作歸國川資
恐不能就京校矣 金陵大學係美大
創設其于宗一條件亦好 學經費則
不如北京之東矣 故為生計起見自應
勉強 弟深為惋惜軍閥財閥如此跋
尾恐全中國教育皆入外人手中矣
學風年來固愈出愈奇 坐平心而論
青年有何罪惡 在偉人大帥耳用
功也尋不出個好學校則趨而入斜徑
笑傷矣 宗一胞弟同鄉同業然一去
金陵不當相偶 十萬八千里楚材晉用
深堪浩歎我輩交友以神不在道路
（ ）

GC4　Kunstverlag Alwin Keil, Dresden N. 1, Erichtstr. 23

1925 年 8 月 11 日

废 屋

楼阁凌空窗户明，依稀金屋两三楹。

回头五百年前事，如听愁花啼月声屋在山上。

爱存老哥大鉴：

七月廿五日书片、卅一日片及八月初游山纪念片谅收。兹购得西洋女孩画两页，可作二郎公写真，题句奉上，幸乞哂纳。

陈君宗一已直接有信复俊人兄，渠已就聘金陵大学，且借用数个月薪水作归国川资，恐不能就京校矣。金陵大学系美人创设，其于宗一条件亦苛，然经费则不如北京之穷，故为生计起见，自难勉强，弟深为惋惜。军阀、财阀如此跋扈，恐全中国教育皆入外人手中矣。学风年来固愈出愈奇，然平心而论，青年有何罪恶，恶在伟人、大帅耳！用功也寻不出个好学校，则趋而入斜径矣，伤哉！伤哉！宗一与弟同乡、同业，然一去金陵，不啻相隔十万八千里，楚材晋用，深堪浩叹。我辈交友以神，不在道路。

十四年八月十一日灯下

中秋偕曾和君君天宇
黄希时君君沈湘绫女士
黄柳舟君君新湖（Neuer See）
赏月

午夜风光午夜舟蒙笼东
望不胜愁云天远领乡关
月灯火平分水阁秋四十五
宵偏落寞一千里色自清
幽老夫替作新湖主杯酒
葡萄为容谋

又戏成二绝
天宇无尘酒气腥黄昏明
月两浮萍
今宵牛女来为寿
谁是当筵两楚南

斗皇　诗中总括五人
共沈湘绫女士
为未姻夫妻
一叶浮萍湘绫女士

对酒当歌君莫逊湖亭况
是月生辉眼前小酌偏泥醉
竟作山公倒载归

爱存学长乡光生
清玩
第乐希上

丙年十月三日柏林庽次

1925 年 10 月 3 日

中秋夕予在康德街天津馆晚餐曾和君
君仓皇告予同今日中秋不可不赏月欲率
予即出隅席黄柳舟君昆仲及其未婚
妻沈女士闻之赤欢跃助瓜果同游
于是予立备葡萄酒数瓶相与赏月
湖黄君兄弟兴沈君一舟予与曾君一
舟放乎中流传杯畅饮时满湖祇有水月
未见他舟傲然为新湖主人矣饮至夜
分予醉不能支曾君黄君两人扶予
归庽
是夕黄君柳舟强予饮酒回有一古对其
出联云月明月：明八月：明更皎洁能于
四人已各饮满一杯也予饮毕後乃曰杯
酒杯酒五杯：酒乱神经家大笑曰宽於
此一杯酒也旧对甚妙曰更鼓更：鼓五更：
旧对更外成一对别一杯可免益此时他
鼓倍凄凉
四十五宵宵月分一千里色中秋月
李子洞中秋月诗四十五秋
一千里色　赵赧诗一千里色中秋月

中秋偕曾和君君_{天宇}、黄希明君、沈湘纹女士、黄柳舟君新湖 _{Neuer See} 赏月

> 午夜风光午夜舟，蒙笼东望不胜愁。
>
> 云天遥领乡关月，灯火平分水阁秋。
>
> 四十五宵偏落寞，一千里色自清幽。
>
> 老夫替作新湖主，杯酒葡萄为客谋。

又戏成二绝

> 天宇无尘酒气腥，黄昏明月两浮萍 _{包木石与二三同志泛舟，号其舟曰一叶浮萍。}
>
> 今宵牛女来为寿 _{黄柳舟君与沈湘纹女士为未婚夫妻}，谁是当筵南斗星 _{诗中隐括五人。}

> 对酒当歌君莫违，湖亭况是月生辉。
>
> 眼前小酌偏泥醉，竟作山公倒载归。

爱存学长乡先生清玩

弟梁希上

十四年十月三日柏林寓次

　　中秋夕予在康德街天津馆晚餐，曾和君君仓皇告予曰："今日中秋，不可不赏月。"欲牵予即出。隔席黄柳舟君昆仲及其未婚妻沈女士闻之亦欢跃，欲助瓜果同游。于是予立备葡萄酒数瓶相与赏月新湖。黄君兄弟与沈君一舟，予与曾君一舟，放乎中流，传杯畅饮。时满湖只有水月，未见他舟，俨然为新湖主人矣。饮至夜分，予醉不能支，曾君、黄君两人扶予归寓。

　　是夕，黄君柳舟强予饮酒，曰有一古对，其出联云："月明月月明，八月月明更皎洁。"能于旧对外更成一对，则一杯可免。盖此时他四人已各饮满一杯也，予饮毕后，乃曰："杯酒杯杯酒，五杯杯酒乱神经。"众大笑，曰："冤哉！此一杯酒也。"旧对甚妙，曰："更鼓更更鼓，五更更鼓倍凄凉。"

　　"四十五宵"：李洞[1]《中秋月》诗"四十五秋宵，月分千里豪"。

　　"一千里色"：赵嘏[2]诗"一千里色中秋月"。

---

① 李洞，字才江，京兆（今陕西西安）人。晚唐诗人。
② 赵嘏（约806—约853），字承佑，楚州山阳（今江苏淮安）人。唐代诗人。年轻时四处游历，后入仕为渭南尉。

1925 年 10 月 14 日

字字青琳字字金，九秋风里故人音。
灯花夜检奚囊锦，半粟新书温八吟[①]。

半粟寄赠《金石译证》《飞卿诗集》各一部，走笔鸣谢！

十四，十，十四夜

①温庭筠（约812—约870），本名岐，字飞卿，太原祁（今山西祁县）人，唐代诗人、词人。早年才思敏捷，以词赋知名，然屡试不第。每入试，押官韵作赋，从不起草，"但笼袖凭几，每赋一咏，一吟而已"，故得"温八吟"之号。曾经"八叉手而成八韵"，又别称"温八叉"。精通音律，诗词工于体物，设色丽，有声调色彩之美。与李商隐齐名，时称"温李"。其词艺术成就在晚唐诸词人之上，为"花间派"首要词人，对词的发展影响较大。

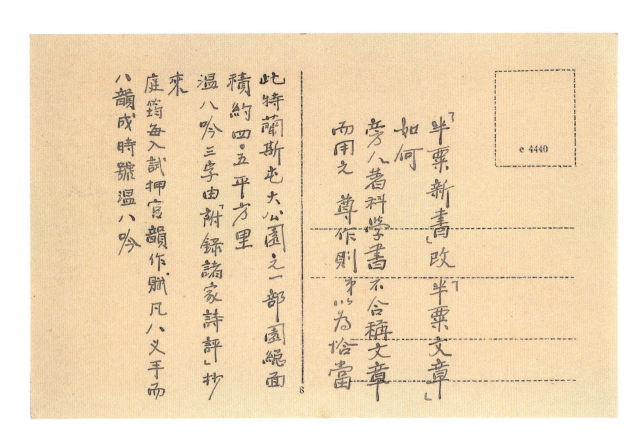

"半粟新书"改"半粟文章"如何？旁人著科学书，不合称文章，而用之尊作，则弟以为恰当。

此特兰斯屯大公园之一部。园总面积约四点五平方里。

温八吟三字由《附录诸家诗评》抄来。

庭筠每入试押官韵作赋，凡八义〔叉〕手而八韵成，时号温八吟。

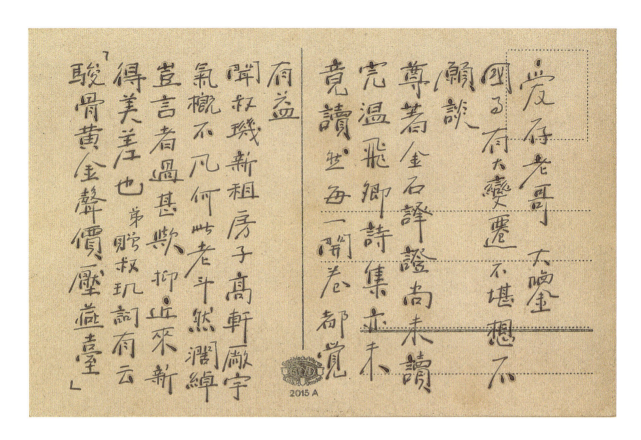

1925 年 10 月

爱存老哥大鉴：

　　国事有大变迁，不堪想，不愿谈。尊著《金石译证》尚未读完，《温飞卿诗集》亦未竟读，然每一开卷都觉有益。闻叔玑新租房子高轩厂①宇，气概不凡，何此老斗然阔绰，岂言者过甚欤，抑近来新得美差也？弟赠叔玑词有云："骏骨黄金，声价压燕台。"

---

①原文为"廠"，简化为"厂"，此处同"敞"。

Dresden. Dampfschifflandeplatz.

塔廊初雪寒露后四日

寒露何为雪，龙公试手差。

自天元自絮，着地不成花。

薄冷融襟湿，轻飞点帽斜。

夜来风势紧，也听噪林鸦。

十四年十月塔廊寓次

1925 年 10 月

秋晓

村路无尘秋气清，水边星火断人行。

不须野马随风起，尽听天鸡带月鸣。

曙色徐开山树影，寒空轻滴石泉声。

留情最是凭栏处，落漠东方一线明。

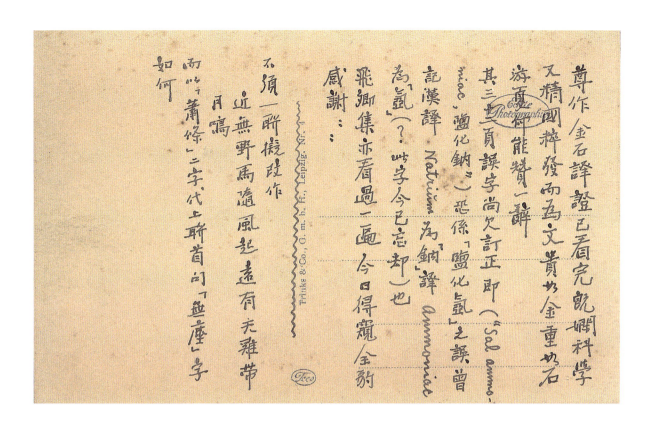

尊作《金石译证》已看完，既娴科学，又精国粹，发而为文，贵如金、重如石，游夏何能赞一辞[①]？

其三十二页误字尚欠订正，即"Sal ammoniac，盐化钠"恐系"盐化氩"之误。曾记汉译 Natrium 为"钠"，译 Ammoniac 为"氩"？此字今已忘却也。《飞卿集》亦看过一遍，今日得窥全豹，感谢！感谢！

"不须"一联拟改作："近无野马随风起，远有天鸡带月鸣。"

而以"萧条"二字代上联首句"无尘"字如何？

1925 年 12 月 5 日

塔廊暮冬述怀

画阁西头废苑东，深深装点玉玲珑。

得天瑶草霜余绿，夹岸灯花雪里红。

一夜离情剡溪水，五更诗思灞桥风。

旗亭今日几人会，欲得凌霄问远鸿。

演群老哥吟坛

弟希寄赠

十四年十二月五日

（1）林校

（2）敝寓为树林所掩

此照相片非普通绘片也。居停①以摄影为业，此系雪中所照。桥右林校，桥左敝寓。万里寄赠，以明弟之所在云尔。

题中脱"赠爱存兄"四字，因初命笔时恐为篇幅所限，故意略去，以留余地也。

"得天瑶草霜余绿"，指德国芝草（シバ）而言。德国芝草无论在庭在野，经冬犹青，日人曾以此移植三岛，见霜立枯。东海道气候暖于日耳曼，而百草皆有一度枯黄，植物学家尚未发明其理。识者谓草木凋枯，非仅关乎绝对气温，尤关乎一年或一日气温之差，温差大则草木不堪忍受而易凋。一说谓有关土壤。然二说皆未从实验上得确实证据云。塔廊暮冬之暮字，以阳历言则可，以阴历言尚未。自阴阳交错以来，我中华民国国民你过你的年，我过我的年，混乱极矣。

题改作《塔廊雪天赠章演群兄》。

①居停：即房东。

1925 年 12 月 9 日

忽闻堂上踏歌声，傀儡当筵四座惊　　余不晓音乐，亦不知跳舞，居停女强而教之，
左右前后随他趋步，盖傀儡而已。
一夜郭公惭鲍老，石榴裙下作门生。

随园夸杀女高徒，桃李春风艳圣湖。
我却趋承红粉后，偶因王远拜麻姑[1]　杏南与王致和兄同寓，居停女则王致和佳友也。

十四年十二月九日

---

①王远、麻姑：道教神话人物。

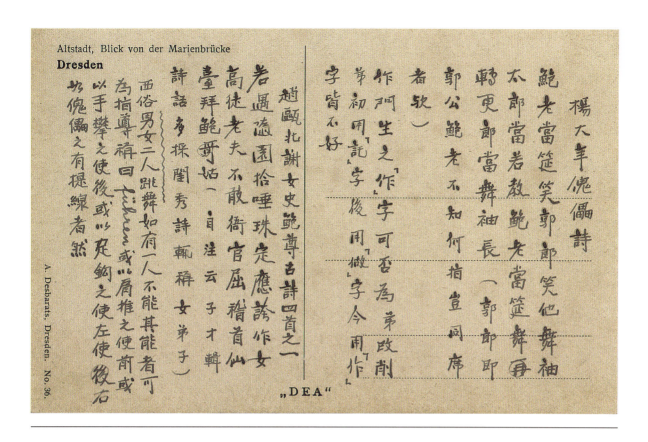

杨大年傀儡诗

鲍老当筵笑郭郎，笑他舞袖太郎当。

若教鲍老当筵舞，转更郎当舞袖长 "郭郎"即郭公，"鲍老"不知何指，岂同席者欤？。

"作门生"之"作"字，可否为弟改削？弟初用'托'字，后用"做"字，今用"作"字，皆不好。

赵瓯北谢女史鲍尊古诗四首之一

若遇随园拾唾珠，定应夸作女高徒。

老夫不敢衙官屈，稽首仙台拜鲍姑 自注云：子才辑诗话，多采闺秀诗，辄称女弟子。

西俗男女二人跳舞，如有一人不能，其能者可为指导，称曰 führen，或以肩推之使前，或以手攀之使后，或以足钩之使左使右，如傀儡之有提线者然。

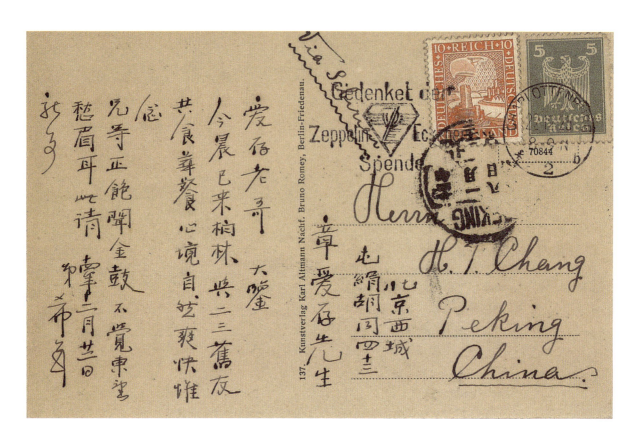

1925 年 12 月 22 日

Herrn H. T. Chang, Peking, China

北京西城屯绢胡同四十三

章爱存先生

爱存老哥大鉴：

今晨已来柏林，与二三旧友共食华餐，心境自然爽快，惟念兄等正饱闻金鼓，不觉东望愁眉耳。此请新安。

弟希顿首

十四年十二月廿二日

晓行车中口号

红霞轻罩蔚蓝天，下有朦胧万户烟。

杨柳晓风吾亦仅[1]，而今偏笑别人眠。

此即留学界所称丽春湖也，现寓址正在湖畔

①原文为"仅"，疑为"浸"（浸润之意）的误写。

1926

1926 年 1 月 4 日

阳历十二月廿四，即阴历冬至后一夜，偕陈、文、徐、吴、胡、莫诸君小饮，说笑记事

眼前旧雨与新知，好个围炉笑语时。

人似七星团北斗，天教一夜发南枝。

竹林往事无多让，椒叶[①]今宵且预支。

漫说阴阳催短景，看他添岁又添诗。

---

①椒叶：椒树的叶子。古人用来盖酒以取香气。

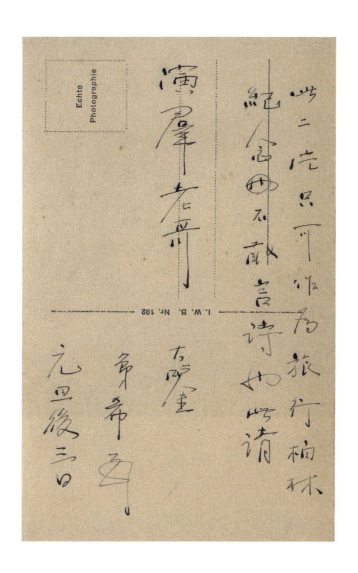

此二片只可作为旅行柏林纪念，不敢言诗也。

此请演群老哥大鉴

弟希顿首

元旦后三日

1926 年 1 月

山泉

人籁初沈[1]天籁号，出山泉水慕尘嚣。

数峰融得几多雪，一夜听残万顷涛。

去趁月明还泛滥，来无风助亦萧骚。

大江千古空陈迹，铁板谁家唱浪淘[2]。

塔廊雪后作

十五年一月日

---

①沈：通"沉"。
②浪淘：指苏轼《念奴娇·赤壁怀古》词。

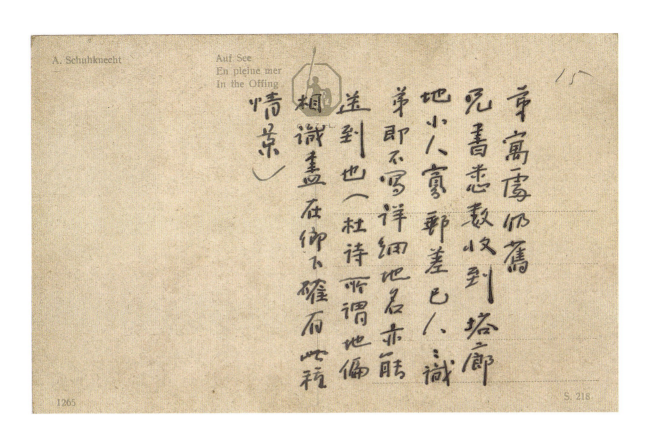

弟寓处仍旧，兄书悉数收到，塔廊地小人寡，邮差已人人识弟，即不写详细地名，亦能送到也 杜诗所谓"地偏相识尽"，在乡下确有此种情景。

99

1926 年 1 月

莫笑今吾异故吾，少年本色爱屠酤。

酒酣夜入新丰社，绘出春风得意图。

闻道江州司马家，吟诗爱啜火前芽。

老夫未及香山妪，只好行茶作小娃 白香山诗"行茶使小娃"。

借名助赈到华堂，涤器当垆一样忙。

旁有采花蜂蝶笑，原来他也慕莲香。

十五年一月

第三联改作录后。

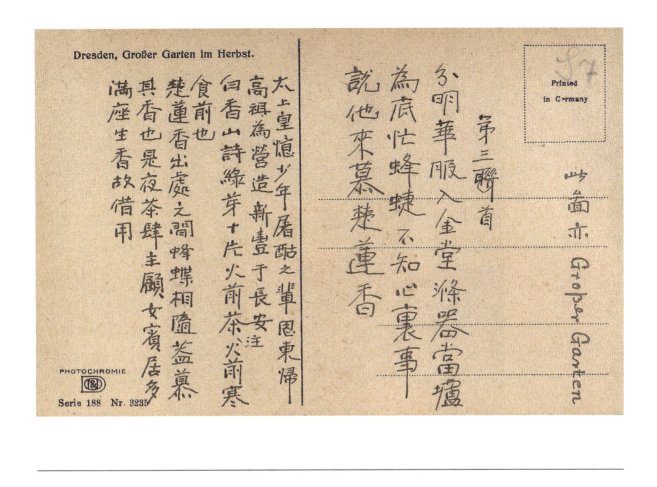

此图亦 Grober Garten

第三首

分明华服入金堂，涤器当垆为底忙。

蜂蝶不知心里事，说他来慕楚莲香。

太上皇忆少年屠酤之辈，思东归，高祖为营造新丰于长安。白香山诗"绿芽十片火前茶"，注："火前"，寒食前也。楚莲香出处之间蜂蝶相随，盖慕其香也。是夜茶肆主顾女宾居多，满座生香，故借用。

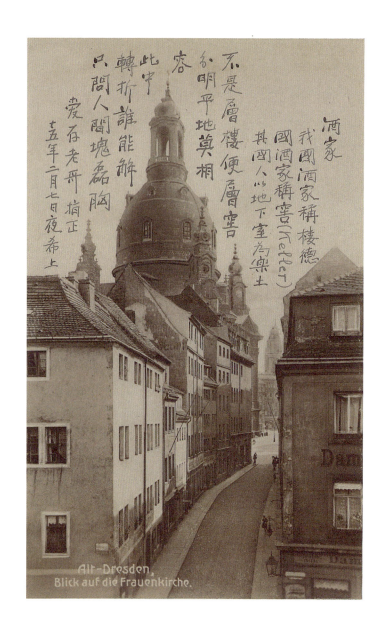

1926 年 2 月 7 日

酒家

我国酒家称楼，德国酒家称窖 Keller，其国人以地下室为乐土。

不是层楼便层窖，分明平地莫相容。

此中转折谁能解，只问人间块磊胸。

爱存老哥指正

希上

十五年二月七日夜

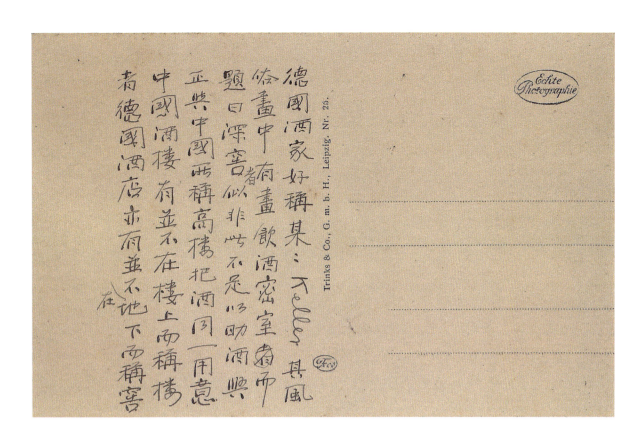

德国酒家好称某某 Keller，其风俗画中，有画饮酒密室而题曰深窖者，似非此不足以助酒兴，正与中国所称高楼把酒同一用意。中国酒楼有并不在楼上而称楼者，德国酒店亦有并不在地下而称窖。

讀演羣兄見答詩感賦數絕

演羣兄去年除夕夢中得情字韻，予已不揣簡陋，為足成一絕寄去矣。茲復見贈瑤函錦句，謂夢中得句，不解所謂。越數日得海外見懷詩及雪景繪片寓處在橋左林校在橋右易風月為風雪適為巧合爰續成七律相贈又謂上句非予莫屬簏即指採園錦句冊云云拜而受之慚愧無地因賦數絕以報

演兄原作

舉國窮荒四海兵　燕京城外少人行
忽逢日暮傳書雁　正及春回獻歲觥
舊簏錦羅名雋句　小橋風雪等閑情
無端高會旗亭夕　別有傷心醉不成

1926 年 2 月 12 日 [1]

读演群兄见答诗感赋数绝

演群兄十四年除夕梦中得"情"字韵，予已不揣简陋，为足成一绝寄去矣。兹复见赠瑶函锦句，谓梦中得句，不解所谓。越数日，得海外见怀诗及雪景绘片，寓处在桥左，林校在桥右，易"风月"为"风雪"[2]，适为巧合。爰续成七律相赠，又谓上句非予莫属。"旧簏"即指梁园锦句册云云。拜而受之，惭愧无地，因赋数绝以报。

演兄原作：

> 举国穷荒四海兵，燕京城外少人行。
>
> 忽逢日暮传书雁，正及春回献岁觥。
>
> 旧簏锦罗名隽句，小桥风雪等闲情。
>
> 无端高会旗亭夕，别有伤心醉不成。

---

①明信片后面的数字 1、2、3、4，推测其应该为一个系列。

②原句为："易'风月'为为'风雪'"，多一个"为"字，疑为笔误。

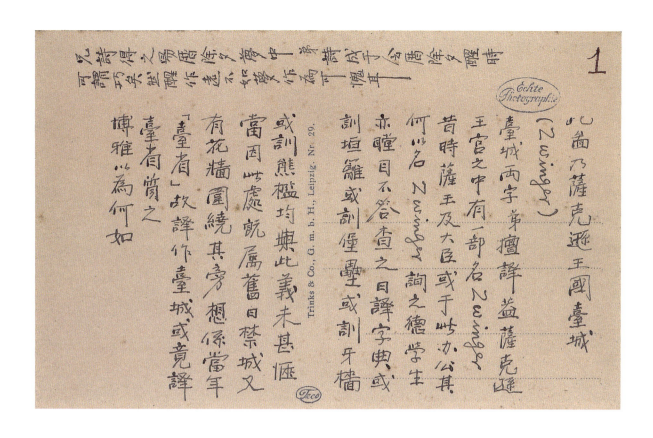

此图乃萨克逊王国台城 Zwinger

台城两字，弟擅译，盖萨克逊王宫之中有一部名 Zwinger。昔时萨王及大臣或于此办公，其何以名 Zwinger，询之德学生，亦瞠目不答。查之日译字典，或训垣篱，或训堡垒，或训牙墙，或训熊槛，均与此义未甚惬当。因此处既属旧日禁城，又有花墙围绕其旁，想系当年"台省"，故译作台城，或竟译台省，质之博雅，以为何如？

兄诗得之阳历除夕梦中，弟诗成于阴历除夕醒时，可谓巧矣。然醒作远不如梦作，为可愧耳！

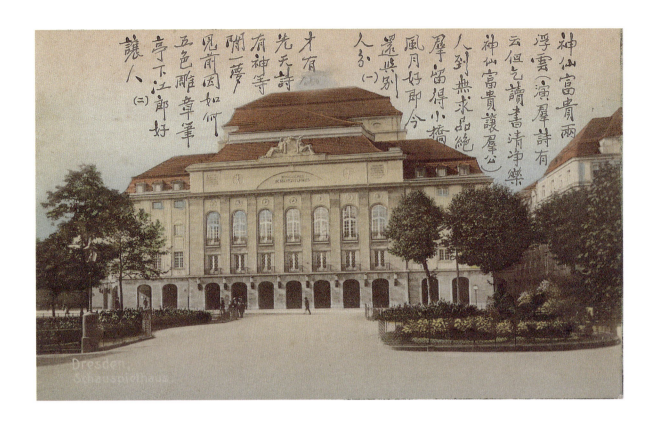

1926 年 2 月 12 日

神仙富贵两浮云 ^{演群诗有云"但乞读书清静乐，神仙富贵让群公"}，人到无求品绝群。

留得小桥风月好，即今还与别人分。（一）

才有先天诗有神，等闲一梦见前因。

如何五色雕章笔，亭下江郎好让人。（二）

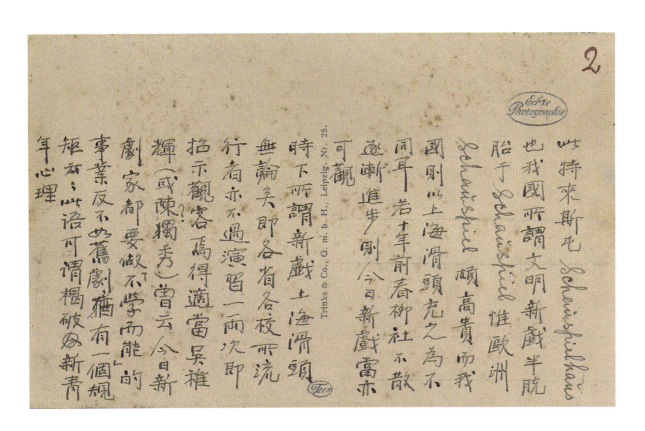

此特来斯屯 Schauspielhaus 也。我国所谓文明新戏，半脱胎于 Schauspiel，惟欧洲 Schauspiel 颇高贵，而我国则以上海滑头充之，为不同耳。若十年前春柳社[1]不散，逐渐进步，则今日新戏当亦可观。

时下所谓新戏，上海滑头无论矣，即各省各校所流行者，亦不过演习一两次，即招示观客，焉得适当？吴稚辉[2]（或陈独秀[3]？）曾云：今日新剧家都要做"不学而能"的事业，反不如旧剧犹有一个规矩云云。此语可谓揭破新青年心理。

①春柳社：1906 年冬由中国留日学生组建于日本东京，以研究各种文艺为目的，并最先建立了演艺部。创始人为李叔同、曾孝谷，先后加入者有欧阳予倩、吴我尊、黄喃喃、李涛痕、马绛士、谢抗白、庄云石、陆镜若等人。它的成立标志着中国话剧的奠基。
②吴稚晖（1865—1953），名敬恒，字稚晖，江苏武进人，中国近代资产阶级思想家、政治家、教育家、书法家。
③陈独秀（1879—1942），原名庆同，字仲甫，安徽怀宁（今安徽安庆）人，新文化运动的倡导者之一，中国共产党的创始人和早期的主要领导人之一。

1926 年 2 月 12 日

马上奚奴应未忘，朝朝章句入青箱。

恐他看破梁园客，贪冒先生旧锦囊。（三）

入浪探奇世所无，元来海客是贪夫。

故应一夜乘龙睡，分得重渊几粒珠。（四）

演群老哥哂正

梁希上

十五年二月十二日阴历乙丑除夕

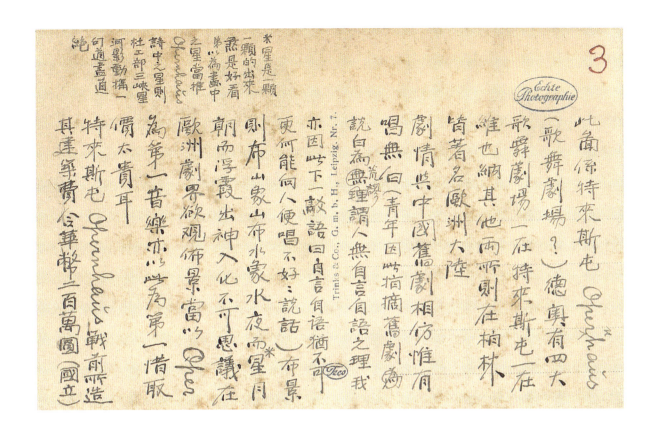

此图系特来斯屯 Opernhaus[1]。_{歌舞剧场?}德奥有四大歌舞剧场，一在特来斯屯，一在维也纳，其他两所则在柏林，皆著名欧洲大陆。

剧情与中国旧剧相仿，惟有唱无白_{青年因此指摘旧剧说白为荒谬，谓人无自言自语之理，我亦因此下一驳语曰：}_{自言自语犹不可，更何能向人便唱，不好好说话}，布景则布山象山、布水象水，夜而星 ※ 月，朝而浮霞，出神入化，不可思议。在欧洲剧界，欲观布景，当以 Opern 为第一，音乐亦以此为第一，惜取价太贵耳。

特来斯屯 Opernhaus 战前所造，其建筑费合华币二百万圆_{国立}。

※ 星是一颗一颗的出来，煞是好看。弟以为画中之星当推 Opernhaus，诗中之星则杜工部"三峡星河影动摇"一句，道尽道绝。

①特来斯屯 Opernhaus：应该是指现在的德累斯顿森博歌剧院。

1926 年 2 月 12 日①

演群兄梦中诗得自阳历除夕，拙作成于阴历除夕，短咏述奇

　书发一年尽，诗回未岁除。

　阴阳留短景，风雪记华胥。

　竹叶千樽满，梅花万里余。

　不知惠连梦②，今夜复何如？

　演群老哥指正

　　　　　　　　　　　　　　　　希上

　　　　　　　　　　　　　　阴历乙丑除夕灯下

　　　　　　　　　　　　　　十五年二月十二日

①此明信片两面为两个日期，分别为 2 月 12 日和 2 月 13 日。

②惠连梦：指诗文创作梦见谢惠连，如获神来之笔。出自《南史·谢方明传》："（谢方明）子惠连，年十岁能属文，族兄灵运嘉赏之，云：'每有篇章，对惠连辄得佳语。'尝于永嘉西堂思诗，竟日不就，忽梦见惠连，即得'池塘生春草'，大以为工。常云：'此语有神功，非吾语也。'"

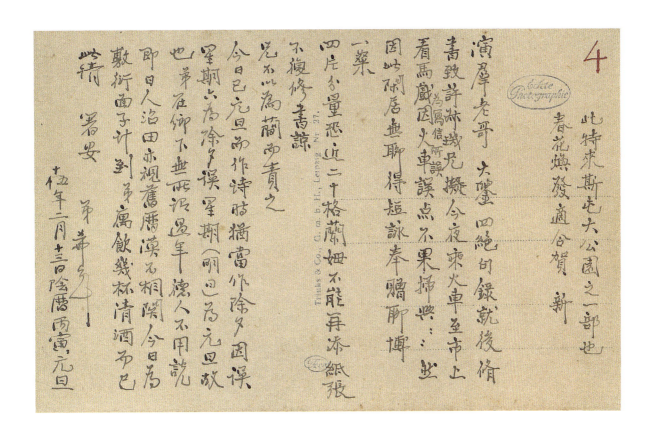

1926 年 2 月 13 日

此特来斯屯大公园之一部也，春花焕发，适合贺新

演群老哥大鉴：

四绝句录就后修书致许叔玑兄，拟今夜乘火车至市上看马戏，因火车误点_{为写信所误}不果，扫兴！扫兴！然因此闲居无聊，得短咏奉赠，聊博一粲。

四片分量，恐近二十格兰姆[1]，不能再添纸张，不复修书，谅兄不以为简而责之。

今日已元旦，而作诗时犹当作除夕，因误星期六为除夕，误星期_{明日}为元旦故也。弟在乡下无所谓过年，德人不用说，即日人沼田亦视旧历漠不相关，今日为敷衍面子计，到弟寓饮几杯清酒而已。此请箸安。

弟希顿首

十伍年二月十三日，阴历丙寅元旦

①格兰姆：指重量单位"克"。

1926 年 3 月

月下酬颜逢钦

乌鹊无聊独向南，凄凄风露意何堪。

人间楚客思颜十 _{杜工部江陵逢次有《赠公安颜十》《夕坐戏简颜十》等作}，月下吴侬对影三。

炉火春温新绿蚁 ^①，灯花夜擘小黄柑。

不如他日兰亭会，犹得西窗一夕谈。

希上

十五年三月

①绿蚁：指酒。

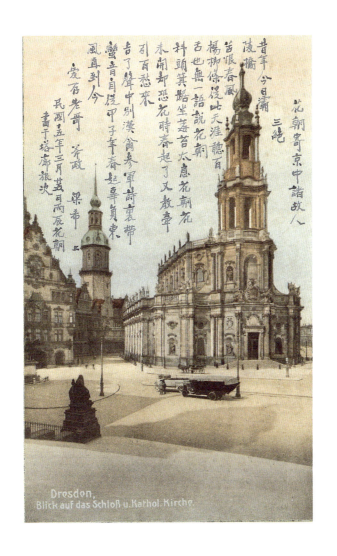

1926 年 3 月 25 日

花朝寄京中诸故人三绝

昔年今日灞陵桥，苦恨春风杨柳条。

从此天涯听百舌，也无一语说花朝。

科头箕踞坐莓苔，太息花朝花未开。

却恐花时春起了，又教牵引百愁来。

吉了声中别汉禽，参军诗里带蛮音。

自从甲子年春起，辜负东风直到今。

爱存老哥斧政

梁希上

民国十五年三月廿五日丙辰花朝书于塔廊旅次

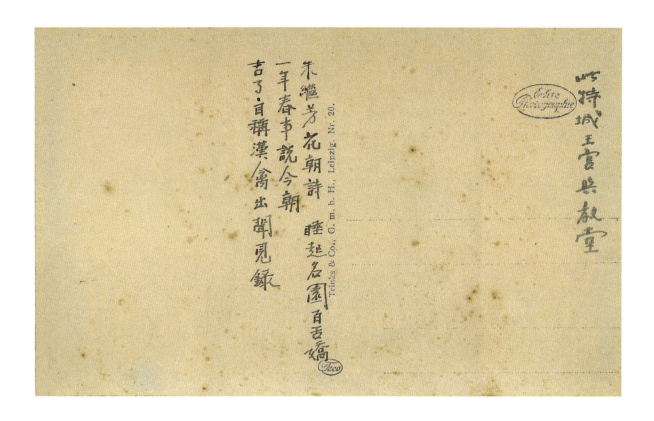

此特城王宫与教堂

朱继芳《花朝诗》[1]："睡起名园百舌娇，一年春事说今朝。"吉了[2]自称汉禽，出《闻见录》。

[1]朱继芳，字季实，号静佳，建安（令福建建瓯）人，南宋理宗五年（1232）进士。工诗，时人多所称引。此诗全名为《次韵野水花朝之集》。

[2]秦吉了：文学作品中所说的一种鸟，样子和八哥儿相似，能模仿人说话的声音。据说产于陕西，所以叫秦吉了。宋邵伯温撰《邵氏闻见录》，有秦吉了曰："我汉禽不愿入夷中。"遂折颈而死的记载。

1926 年 3 月 26 日

花朝后一日过朱君杏南新寓，见案头红杜鹃盛开，知三日前旧居停女相赠以祝
生者。为赋二绝

　　　　　　　而今宋玉在墙东，咫尺相思路不通。

　　　　　　　惜别美人春有泪，挥来犹作杜鹃红。

　　　　　　　可怜温室小婵娟，二月催开红杜鹃。

　　　　　　　半作啼妆半含笑，陪郎生在百花先。

　　　　　　　十五年三月廿六，即花朝后一日书于塔廊

1926 年 4 月 5 日

清明前一日柏林南郊

枝上黄鹂笑我呆，也随年少踏青来。

马蹄带得尘归去，红粉青山带不回。

清明游万湖

年年春半入佳城，三日难逢一日晴。

却喜今朝风色好，木兰舟上过清明。

十五年四月五日清明

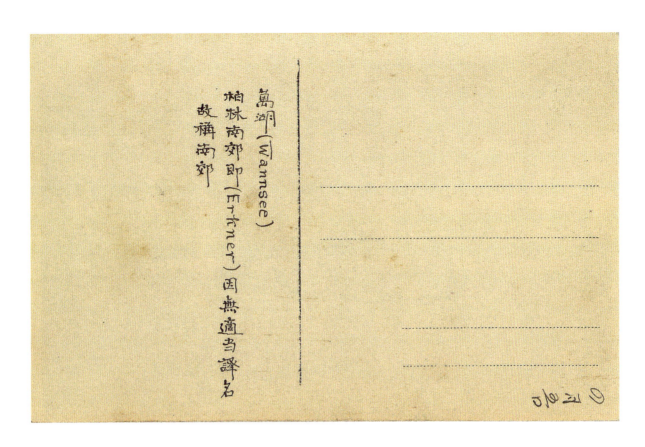

万湖 Wannsee。

柏林南郊即 Erkner，因无适当译名故称南郊。

1926 年 4 月 9 日

丽城湖偕曾和君兄泛舟

丽城湖上水平堤，春草萋萋春鸟啼。

一叶轻舟浑不系，随风吹过绿杨西。

雨中偕和君观小桃红

凤城烟雨淡濛濛，伞底偕行四十翁。

借问先生何处去，却云贪看小桃红。

十五年四月九日，阴历二月廿七日柏林丽城 春 湖寓次

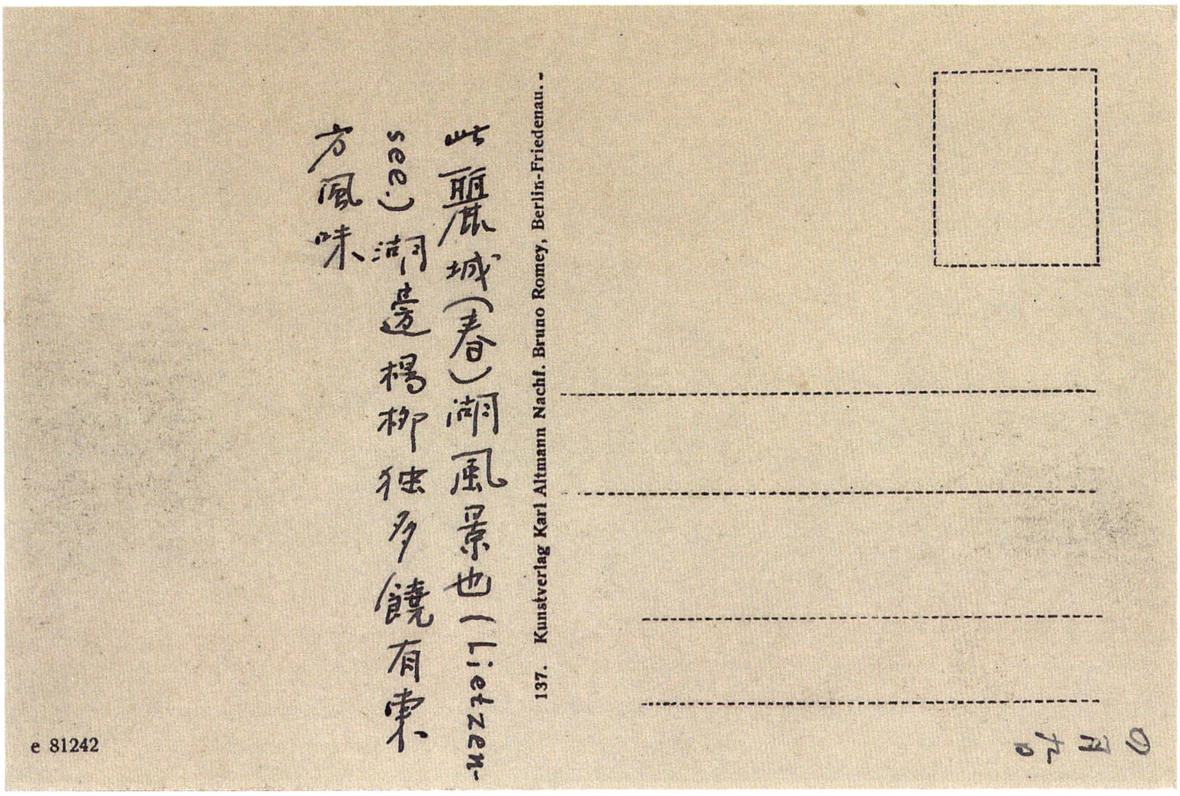

此丽城（春）湖风景也（Lietzen-
see.）湖边杨柳独多，饶有东
方风味

137. Kunstverlag Karl Altmann Nachf. Bruno Romey, Berlin-Friedenau. –

e 81242

此丽城 春 湖风景也。Lietzensee 湖边杨柳独多，饶有东方风味

1926 年 4 月 9 日

偶与人评花，误指楼下白樱为梨，为人所笑，赋此自箴

白雪春樱莫自豪，一枝何似玉梨高。

从无人指鹿为马，偏有时僵李代桃。

望去花花迷月旦，评来草草失风骚。

况教占得山林席，鉴别何能谬一毫。

十五年四月九日

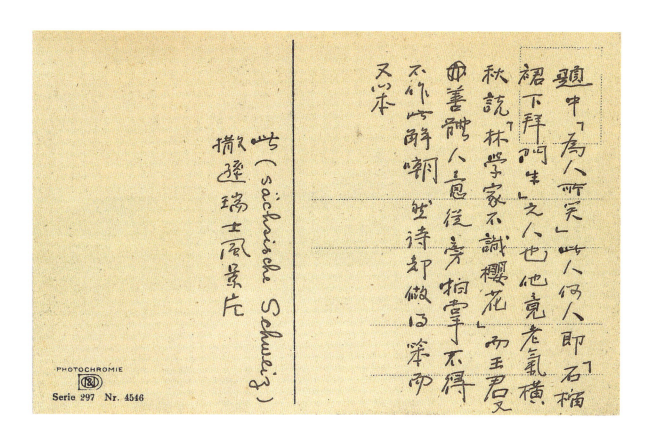

此撒逊瑞士 Sächsische Schweiz [1] 风景片

题中"为人所笑"，此人何人？即"石榴裙下拜门生"之人也。他竟老气横秋说："林学家不识樱花。"而王君又善体人意，从旁拍掌，不得不作此解嘲。然诗却做得笨而又笨。

---

①撒逊瑞士（Sächsische Schweiz）：今译萨克森瑞士。德国著名的旅游胜地，位于德国德累斯顿区。旅游区面积 370 平方公里，森林遍布，有奇特的平顶山头，绿草如茵的山谷，千姿百态的石林，宛如玉带的易北河流经此地，气候宜人，风景秀丽。18 世纪后，经一些瑞士的画家赞美和以此间风景为题材作画而出名，被称为"萨克森瑞士"、"小瑞士"。最为吸引人的是建于山顶的柯尼希施泰因城堡，位于 360 余米高处，地形险要，气势雄峻，有 700 多年历史，为历代要塞。堡中有 2 个大军火库、125 米的深井、可容 25 万公升的酒库和一所教堂。城堡北面为 1587 年建立的巴罗克式八角亭。

1926 年 4 月 13 日

将发柏林为同学沼田君留住一天

马上梁希逢沼田，婆心苦口劝停鞭。

可怜鸡黍一樽酒，留到莺花三月天。

行行又到绿杨边，万缕千丝掠画船。

欲说镜湖春色好，伤心张绪忆当年丽城湖。

鹃啼鹤唳苦零丁，更有猿声不忍听。

物以群分方以类，惺惺偏是惜惺惺动物园。

伤春心事惜春辞，别有闲愁人不知。

十字街头一挥手，可堪来岁牡丹时。

十五年四月十三日，阴历三月初二日

此萨逊瑞士 Sächsische Schweiz 风景，其河即 Elbe 河

1926 年 5 月 11 日

夏历三月晦日一首

无端飞絮入梁园，红药栏干杜宇喧。

倾国只须花解语，惊人不在鸟能言。

春归今夜犹三月，风信明朝又一番。

从此文章付流水，莫教重说武陵源。

希上

十五年五月十一日夏历三月晦日

曉社行

曉社成于炮火中
落地開花滿天紅
八公之山草木風
達官亡命走城東
束城塞
西城空
南北池
無路通
串粟先生癡
且韲鹽日課圖
丁夜課童
興來汗牛不
汗馬旁從
織女討奇功
推出黑頭劉郎
為社長偵年反
屈夏黃公黃公

1926 年 5 月 12 日

賣花翁

商山賣素志劉郎種菜
宜英雄可憐九歲無
淨土丈夫不溺婦人不
醉酗酒猶當退作

曉社諸公
晒政
愛存先
生暨

民國十五年五月二日
灯下梁希上

晓社行

晓社成于炮火中，落地开花满天红。

八公之山草木风，达官亡命走城东。

东城塞，西城空，南北池，无路通。

半粟先生痴且聋，日课园丁夜课童。

兴来汗牛不汗马，旁从织女讨奇功。

推出黑头刘郎为社长，值年反屈夏黄公①。

黄公商山实素志，刘郎种菜岂英雄。

可怜九畿无净土，丈夫不溺妇人、不醉酖酒，

犹当退作卖花翁！

爱存先生暨晓社诸公哂政

灯下梁希上

民国十五年五月十弍日

①夏黄公：秦末商山四皓之一，曾隐居。

堇菜 (Viola odorata)
　德國詩花
　稱 Veilchen.
　色香俱佳

MARO&CO
St.
638.

偶一好奇作一古風其塞
腹中毫無古詩貽笑
大方知所不免

MARO&CO
St.
585.

董菜 Viola odorata

德国诗花，称 Veilchen，色香俱佳

偶一好奇，作一古风，其实腹中毫无古诗。贻笑大方，知所不免。

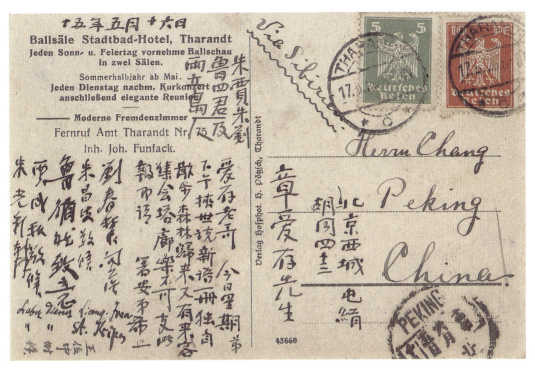

1926 年 5 月 16 日

Herrn Chang, Peking, China
北京西城屯绢胡同四十三
章爱存先生

爱存老哥：

今日星期，弟下午挟《世说新语》一册，独自散步森林归来，又有来客集会塔廊，乐不可支。此报，即请箸安。

弟希上

十五年五月十六日

朱贾朱刘鲁四君及两立岛人

刘春农问候

朱昌波敬候

鲁循然[1]致意

贾成秋敬候

朱光彩[2]□拜

王位中附候

---

①鲁循然，河南新野人，河南留学欧美预备学校德文科毕业，德国矿科博士，曾任中原煤矿公司工程师。
②朱光彩，河南淅川人，水利专家，河南留学欧美预备学校德文科毕业，留学于德国德累斯顿高等工业学校（今德累斯顿工业大学）土木工程系，曾任花园口工程堵复局局长。

塔廊舞筵会饮

偶然小饮会东堂，占验何须太史忙。

天上无星非汉客，座中有主是刘郎是夜刘春农君请客。

半千里路贤人集，二八风流舞女装。

一夜笙歌诗酒里，看来谁似谪仙狂。

鲁、贾二君自Freiberg^①来，其余诸君自Dresden^②来，故借用"五百里贤人集"故典。

---

①弗莱贝格（Freiberg）：又可译成福莱贝格、弗赖贝格，是德国萨克森州中部的一个城市。
②德累斯顿（Dresden）：现为德国萨克森州的州府。

1926 年 6 月 10 日

跳舞吟

燕子声声娇，莲花步步摇。

女儿挽郎臂，郎抱女儿腰。

攀折由他去，妾身杨柳条。

杨柳不厌弱，桃花不病夭。

四时尚有春，一日尽于宵。

宵深羽衣曲，春梦舞云翘。

人生行乐耳，何苦长忧焦。

十五年六月十日

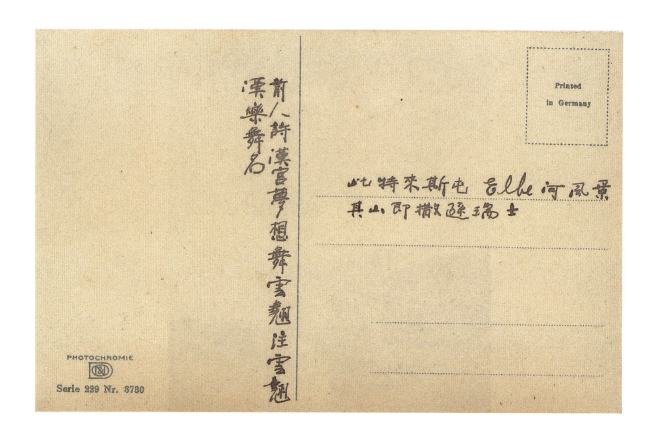

此特来斯屯 Elbe 河风景，其山即撒逊瑞士。

前人诗："汉宫梦想舞云翘"。注：《云翘》，汉乐舞名。

1926 年 6 月

蝶恋花·塔廊春词

夜夜夜深听楚鸟，窗里无眠，窗外啼通晓。恁地催春春不老，韶华无限风情好。

山北山南青未了，忙煞游蜂，闲煞王孙草。芍药开迟水仙早，绣球花大桃红小。

Böhm. Schweiz.
Herrnskretschen mit Hotel Herrnhaus und Hotel Hetschel.

1926 年 8 月 7 日

哈达 _{Hartha} 舞筵偕朱杏南君夜饮三绝

今宵留得杖头钱，十里同行到舞筵。

一种寇莱延客意，旁人慢笑柘枝颠。（一）

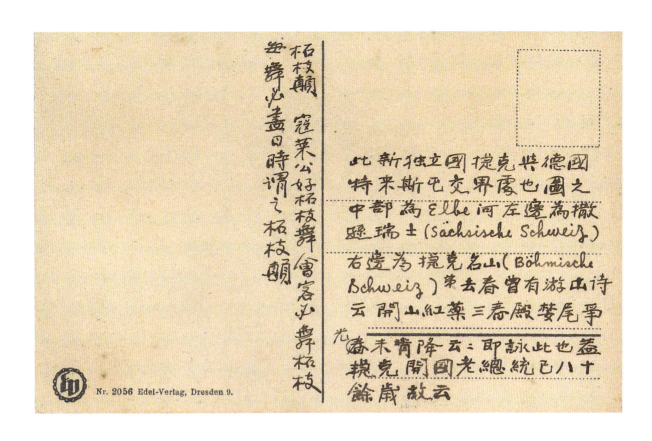

此新独立国捷克与德国特来斯屯交界处也。图之中部为 Elbe 河，左边为撒逊瑞士 Sächsische Schweiz，右边为捷克名山 Böhmische Schweiz。弟去春曾有游山诗，云"开山红叶三春殿，婪尾争光未肯降"云云，即咏此也。盖捷克开国老总统已八十余岁，故云。

柘枝颠：寇莱公[1]好柘枝舞，会客必舞柘枝，每舞必尽日，时谓之"柘枝颠"。

①寇莱公：即北宋政治家、莱国公寇准。

1926 年 8 月 12 日

题巾赠列娘二绝

居停主招列孟姑娘 Lehmann 饮，而予为之陪。列娘饮次，见予怀中中国白纺手巾，索观久之，爱不忍释，因即题句相赠。

丝丝曾出马头娘，今入仙家紫锦囊。

去矣秋云罗帕好，九天长伴杜兰香。

不着丹青不染缯，一方素练七言诗。

但教出入君怀屡，胜把平原绣作丝。

十五年八月十二日灯下录

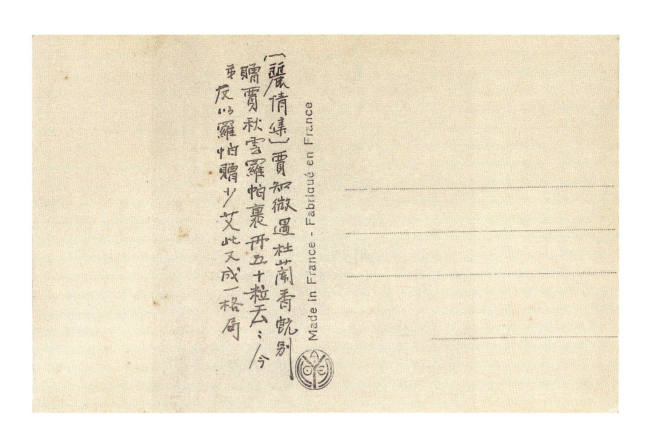

　　《丽情集》[1]贾知微遇杜兰香，既别，赠贾秋云罗帕，裹丹五十粒云云。今弟反以罗帕赠少艾，此又成一格局。

①《丽情集》：宋代文言传奇小说集，北宋张君房纂辑。

1926 年 8 月 15 日

杜鹃一首送别朱君杏南

杏园春去杜鹃飞，惜别催装计两非。

早识苦留无用处，谁教先唱不如归 数日前戏作《催装诗》，催杏南归国。

绿杨桥上三更月，红雨亭前一寸晖。

听到伤心人语塞，纵能排解亦几希。

十五年八月十五日

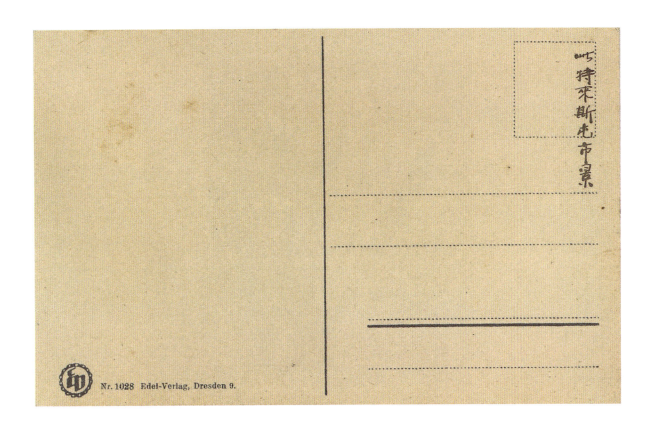

此特来斯屯市景

夏间苦热，少所存问。入秋才寄数行与爱存兄，书犹在道，已得来函，备道相思，因赋四章志感。

爱存老哥指政

梁希上

十五年八月二十二日塔廊

两家心境似灵台，异地同思撇不开。

卅六鱼鳞游海去，一双雁足出关来。

江山杳杳路千转，风雨凄凄肠九回。

正是客窗秋气冷，离怀诗兴一齐催。（其一）

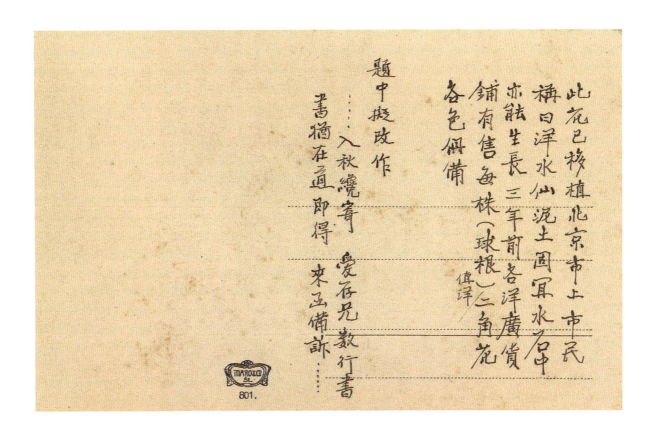

此花已移植北京市上，市民称曰"洋水仙"。泥土固宜，水石中亦能生长，三年前各洋广货铺有售，每株球根值洋二角，花各色俱备。

题中拟改作：

"……入秋才寄爱存兄数行书，书犹在道，即得来函，备诉……"

1926 年 8 月 22 日

非疏非病亦非忙，何事聊无书寄将。

炎气逼人吾不惯，一时偷懒学嵇康。（其二）

蛙鼓蚊雷夜夜喧，主人搁笔独无言。

心知雁不趋炎热，未敢劳他度玉关。（其三）

长夏漫漫暮又朝，音书人事两飘萧。

从知秋月春花里，犹有诗筒破寂寥。（其四）

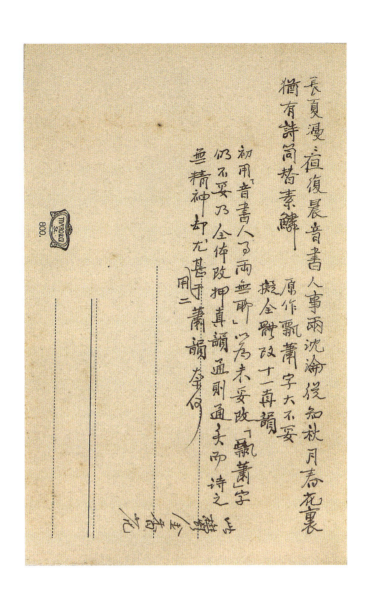

此郁金香花

长夏漫漫夜复晨，音书人事两沈沦。
从知秋月春花里，犹有诗筒替素鳞   原作"飘萧"，字大不妥，
拟全体改十一真韵。

初用"音书人事两无聊"，以为未妥，改"飘萧"字仍不妥，乃全体改押真韵，通则通矣，而诗之无精神，却尤甚于用二萧韵，奈何？

1926 年 8 月 25 日

梅仲常贻经

十载前为下界官，而今潇洒出云端。

除将妻子一分累，应作洞天梅福看。

丘贯一其俊

三月莺花处处忙，如何先折少年郎。

无人唤醒丘迟梦，从此江南春夜长。

十五年八月廿五日

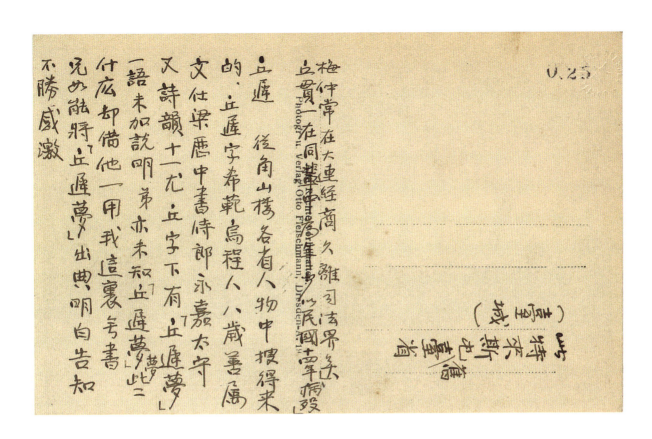

此特来斯屯旧台省_{台城}

梅仲常在大连经商，久离司法界矣。丘贯一在同辈中为年少，以民国十四年病殁。

丘迟，从角山楼《各省人物》中搜得来的。丘迟字希范，乌程人。八岁善属文，仕梁，历中书侍郎、永嘉太守。又《诗韵》"十一尤""丘"字下有"丘迟梦"一语，未加说明，弟亦未知"丘迟梦"梦些什么，却借他一用。我这里无书，兄如能将"丘迟梦"出典明白告知，不胜感激！

1926 年 8 月 25 日

三湘

王不心伤王傅伤，千秋于此识三湘。

君看楚客穷愁日，正有渔人唱道旁。

忠州

忠州未必胜江州，却释香山无限愁。

白发青衫病司马，量移到此故优游。

十伍年八月廿五日

146

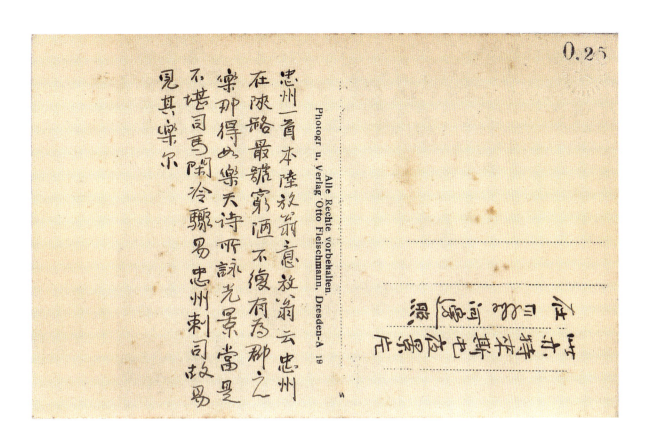

此亦特来斯屯夜景片，在 Elbe 河边照

忠州一首本陆放翁[1]意。放翁云：忠州在陕路最号穷陋，不复有为郡之乐，那得如乐天[2]诗所咏光景？当是不堪司马闲冷，骤易忠州刺司，故易见其乐尔。

①陆放翁：即陆游（1125—1210），号放翁，南宋著名诗人。
②乐天：即白居易（772—846），字乐天，唐代著名诗人。

147

过哥德(Goethe)故居二首

佛德生于佛兰府(Frankfürt)故居，至十六岁总觉迁Weimar，故于佛兰府故居皆陈列童年用器书画肖像，而肖像则自幼而壮而老而死毕具。

（其一）

诗人曾见老诗仙
黄土堆中香去去
前年犹见我，此见犹见公
笃我人，我此见公

白头蟹国老诗

（其二）
公不如此庶
同是出才
同道嘉世秋不窗人
工句

Frankfurt a.M., Goethehaus

1926 年 8 月 29 日

148

过苟德 Goethe[①]故居二首

苟德生于佛兰府 Frankfurt[②]，至十六岁才迁 Weimar，故于佛兰府故居皆陈列童年用器、书画、肖像，而肖像则自幼而壮而老而死毕具。

几人曾见老诗仙，黄土堆中去杳然。

我见此公犹竹马，犹人见我卅年前。（其一）

白头蛮国老诗翁，人不穷愁句也工。

嘉道咸同才辈出，可怜此处不如公。（其二）

民国十五年八月廿九日旅行佛兰府纪念

①苟德（Goethe）：即歌德，德国著名思想家、作家、科学家。
②佛兰府（Frankfurt）：即法兰克福。

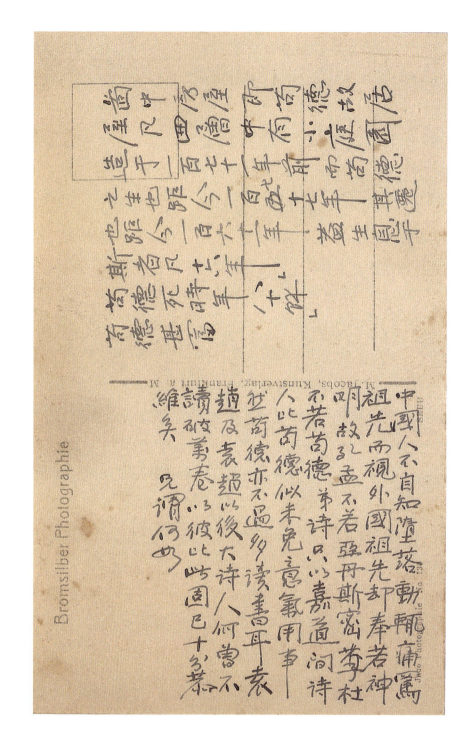

Bromsilber Photographie

M. Jacobs, Kunstverlag, Frankfurt a. M

中國人不自知墮落動輒痛罵
祖先而視外國祖先卻奉若神
明故孔孟不若亞丹斯密孛杜
不若歌德詩以嘉道間詩
人此歌德似未免意氣用事
歌德亦不過多讀書耳袁
趙及袁趙以後大詩人何嘗不
讀破萬卷以彼此此圖巳十分恭
維矣　　兄謂何如

　　图中房屋即苟德故居。屋凡四层，中有小庭园，造于一百七十一年前，而苟德之生也，距今一百七十七年。其迁也，距今一百六十一年。盖生息于斯者，凡十六年。苟德死时年八十余。苟德甚富。

　　中国人不自知堕落，动辄痛骂祖先，而视外国祖先却奉若神明。故孔孟不若亚丹斯密①，李杜② 不若苟德。弟诗只以嘉道间诗人比苟德，似未免意气用事，然苟德亦不过多读书耳。袁赵③及袁赵以后大诗人，何曾不读破万卷？以彼比此，固已十分恭维矣。兄谓何如？

---

①亚丹斯密：即亚当·斯密（1723—1790），英国经济学家、哲学家、作家，经济学的主要创立者。亚当·斯密强调自由市场、自由贸易以及劳动分工，被誉为"古典经济学之父"。
②李杜：即李白、杜甫。
③袁赵：即清代中期著名诗人袁枚、赵翼。

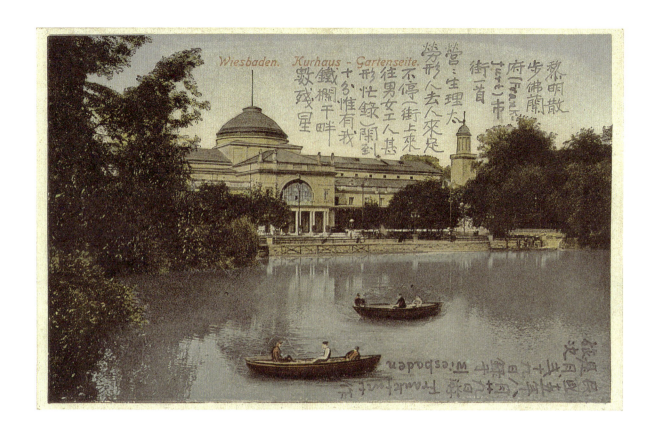

1926 年 8 月 29 日

黎明散步佛兰府 Frankfurt 市街一首

营营生理太劳形，人去人来足不停街上来往男女工人甚形忙碌。

闲到十分惟有我，铁栏干畔数残星。

民国十五年八月廿九日游 Frankfurt 作

是月二十九日录于 Wiesbaden 旅次

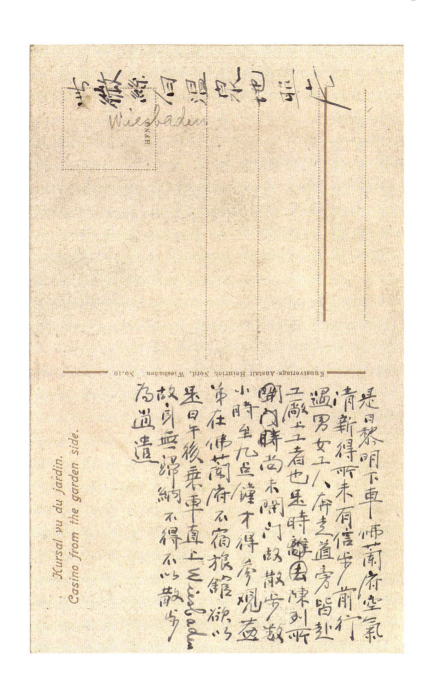

此微丝白 Wiesbaden 温泉地照片

是日黎明下车，佛兰府空气清新，得所未有。信步前行，遇男女工人奔走道旁，皆赴工厂上工者也。是时陈列所尚未开门，故散步数小时至九点钟才得参观。盖弟在佛兰府不宿旅馆，欲以是日午后乘车直上 Wiesbaden，故身无归纳，不得不以散步为逍〔消〕遣。

1926 年 8 月 29 日^①

过来不去兮^②

来来去去一双履，点尽红尘踏尽苔。

若说前宵人去处，去游来不去兮来。

民国十五年秋游纪念

梁希上

八月廿九日

"说"字改"问"字孰妥？

---

①此明信片两面为两个日期，分别为 8 月 29 日和 8 月 30 日。

②来不去兮：即今译莱比锡。

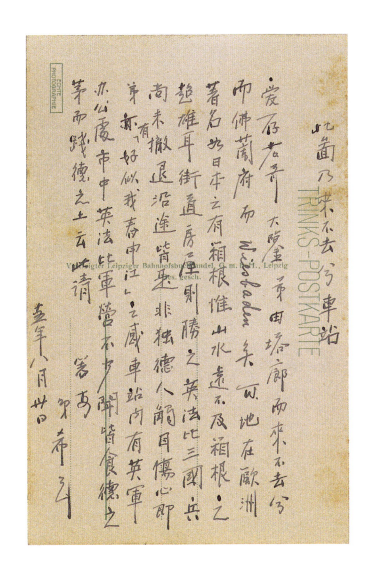

1926 年 8 月 30 日

此图乃来不去兮车站

爱存老哥大鉴：

弟由塔廊而来不去兮，而佛兰府，而 Wiesbaden 矣。W 地在欧洲著名，如日本之有箱根，惟山水远不及箱根之超雄耳，街道房屋则胜之。英法比三国兵尚未撤退，沿途皆是，非独德人触目伤心，即弟亦有"好似我春申江"之感。车站内有英军办公处，市中英法比军营不少，闻皆食德之茅而践德之土云。

此请箸安。

弟希顿首
十五年八月卅日

维四泉（wiesbaden）地名在来因河流域

维四泉在冰烊时期以后初不过野人栖息并无文化可言自蒙古人代野人而起而维四泉于是有农业有畜牧食则陶器也住则板屋也武具则石矢也今虽年远代移而遗迹犹可考见

纪元前一五〇〇年以后又有Kelten人自东方来散居德国中部南部而及于维四泉文化于是日进石器时代一变而为铁器时代矣自纪元前二百年起始有日耳曼人足迹云

1926 年 9 月

（一）

维四泉 _{Wiesbaden}① 地名在来因河② 流域，据历史家、考古家言，维四泉在冰烊时期③以后，初不过野人栖息，并无文化可言。自蒙古人代野人而起，而维四泉于是有农业、有畜牧，食则陶器也，住则板屋也，武具则石矢也。今虽年远代移，而遗迹犹可考见。纪元前 1500 年以后又有 Kelten 人④自东方来，散居德国中部、南部，而及于维四泉，文化于是日进，石器时代一变而为铁器时代矣。自纪元前二百年起，始有日耳曼人足迹云。

①维四泉（Wiesbaden）：即威斯巴登。
②来因河：即莱茵河，发源于瑞士东南部的阿尔卑斯山麓，全长 1320 公里，是欧洲西部第一长河，也是德国境内最长的河流，被称为德国的"父亲河"。
③烊，梁希家乡吴地方言，融化之意。冰烊时期亦可能指冰消期（末次冰消期），即从盛冰期起冰川开始消融退缩至冰川消亡这一时段，约为 18 ka B.P. 至 11.7 ka B.P. 之间，之后为全新世。
④Kelten 人：凯尔特人。

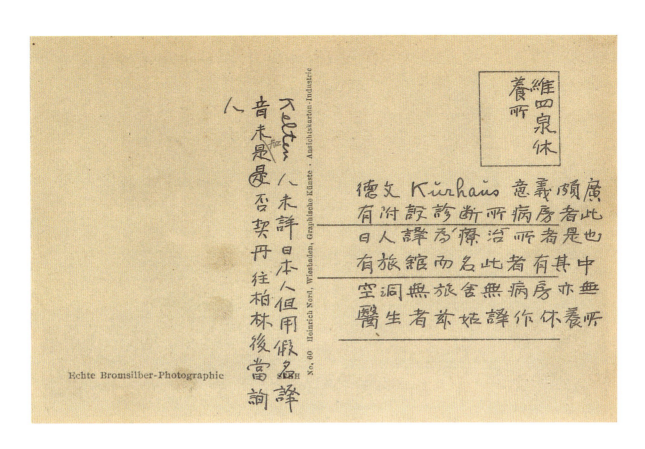

维四泉休养所

德文Kürhaüs意义颇广，有附设诊断所、病房者，此日人译为"疗治"所者是也。
有旅馆而名此者，有其中空洞无旅舍、无病房亦无医生者，兹姑译作休养所。

Kelten 人未详，日本人但用假名译音，未知是否契丹，往柏林后当询人。

1926 年 9 月

（二）

维四泉

　　严风吹霜白日低，胡儿牧马金天西。西天无人识盘古，胡儿便是开山祖。来河<small>来因河</small>来无因，三千五百春。蓬蒿复蓬蒿，前不见古人。蒙古健儿好身手，鼻如嵩岳胆如斗。铁血已开风气先，犁耕肯落他人后？元来女娲团黄土，团作黄人都不鲁。大圣东来称神农，老胡西去亦艺圃。君不见来河边，葡萄青青草绵绵<small>来因河流域产葡萄有名</small>，黄须碧眼荷锄笑，太古风高今尚然。

梁希上
十五年九月维四泉旅次

維四泉總車站

太白上雲樂辭　金天之西白日所沒康老胡雛
生彼月窟
又　女媧戲黃土團作愚下人註風俗通
日俗說天地初開闢未有人民女媧團黃
土為人劇務力不暇供乃引繩于泥中舉
以為人故凡富貴賢智者黃土人也貧
賤凡愚者引絙人也

No. 0 Heinrich Nord, Wiesbaden, Graphische Künste · Ansichtskarten-Industrie

Echte Bromsilber-Photographie

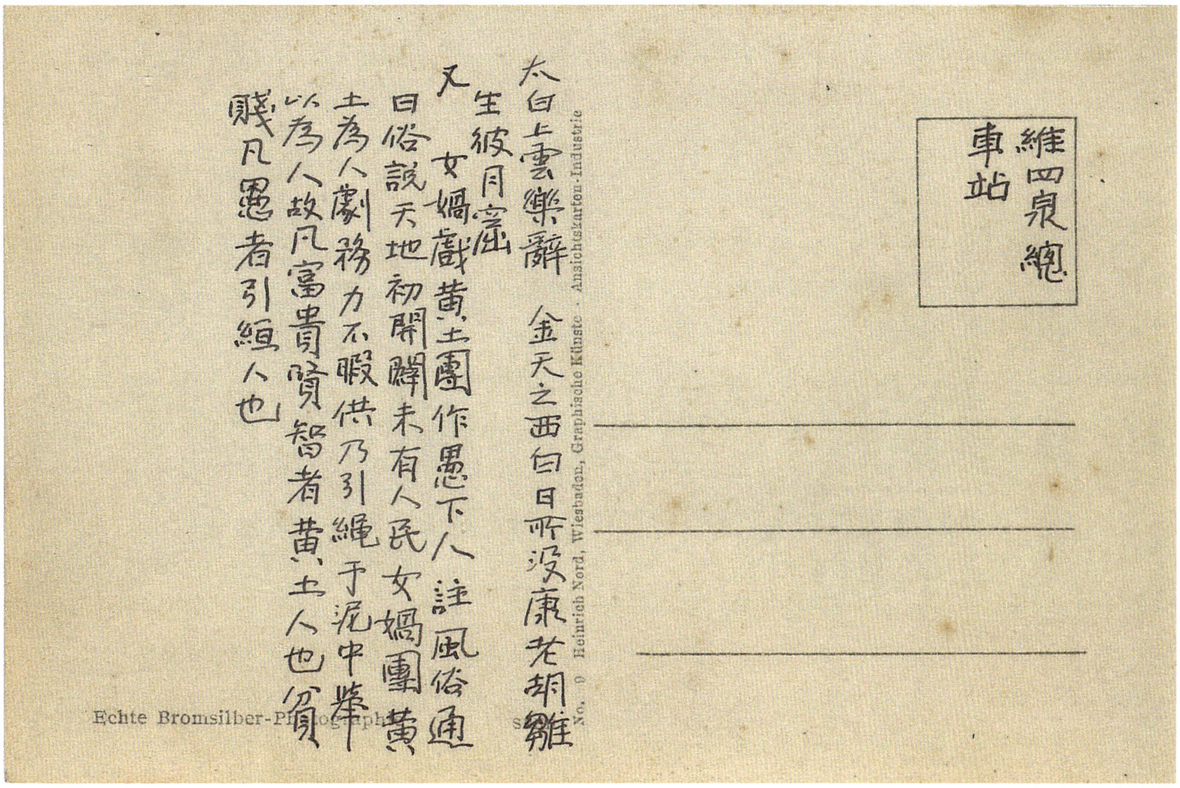

维四泉总车站

太白《上云乐》辞：“金天之西，白日所没，康老胡雏，生彼月窟。”

又

“女娲戏黄土，团作愚下人。”注：《风俗通》日，俗说天地初开辟，未有人民。女娲团黄土为人，剧务，力不暇供，乃引绳于泥中，举以为人。故凡富贵贤智者，黄土人也；贫贱凡愚者，引絙人也。

1926 年 9 月

素菜馆

莫笑居无竹，且看食无肉。

人非东林禅，地越西天竺。

君子在庖厨，牛来悔觳觫。

所惜广文盘，苜蓿重苜蓿。

陈平藏刀不称意，方朔怀剑终枵腹。

希上

十五年九月维四泉旅次

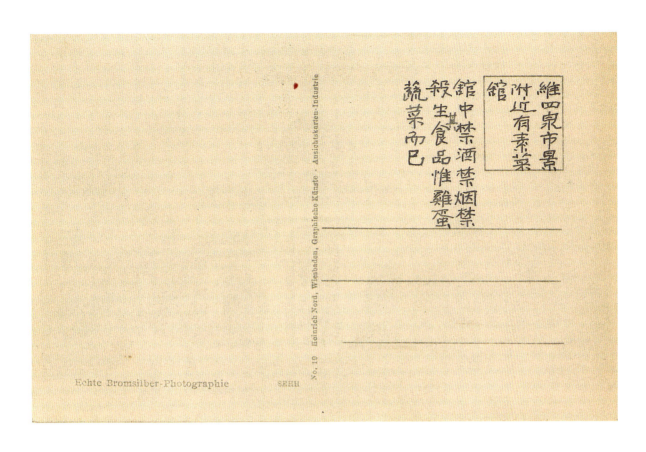

维四泉市景，附近有素菜馆，馆中禁酒禁烟禁杀生，其食品惟鸡蛋、蔬菜而已。

1926 年 9 月

温汤

心入水精域，身在温泉汤。

阴房阗鬼火，蒸气郁硫黄。

炙手不可染，喷薄鼎沸扬。

止沸非无术，旁有溪水凉。

夷然舀一勺，濯足歌沧浪。

希上
十五年九月维四泉旅次

维四泉温汤乃由井中喷出，此其源泉也

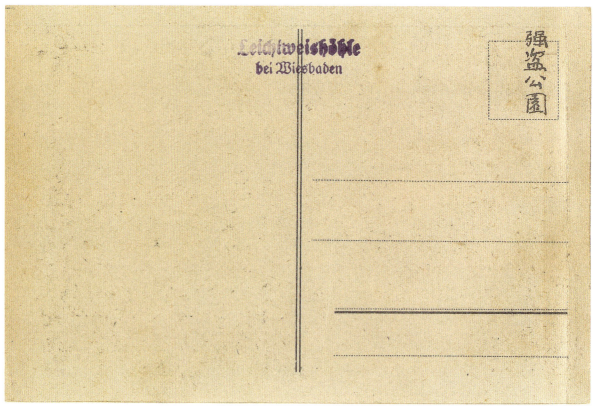

1926 年 9 月 7 月

强盗公园

甲

故盗窟二首

此维四泉著名大盗名 Leichtweiss 藏身石窟，一七九二年为官兵所擒。今德人于石窟周围略加点缀，成一公园。而窟内则一仍当日之旧云。

梁希上

十五年九月维四泉旅次

Inneres der Räuberhöhle mit Schlafgemach und Versammlungsraum der Räuber.

1926 年 9 月 7 月

乙

满屋琳琅满殿金，到头空负百年心。
我看世事都沧海，那有闲情吊绿林。（一）

窃国无能且窃钩，问君何似烂羊头。
若教乱世施权术，不帝犹当关内侯。（二）
"殿"改作"地"字。

（A）会议所进口
（B）大盗寝处
（C）会议所
（D）大盗夫妇肖像
（1）钱柜
（2）武器

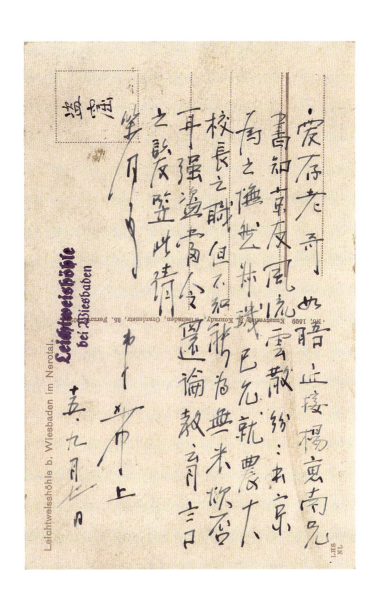

盗窟

爱存老哥如晤：

　　近接杨惠南兄书，知京友风流云散，纷纷出京，为之怃然。叔玑已允就农大校长之职，但不知能为无米炊否耳。强盗当令，还论教育，言之发竖。此请箸安。

弟希上

十五，九月七日

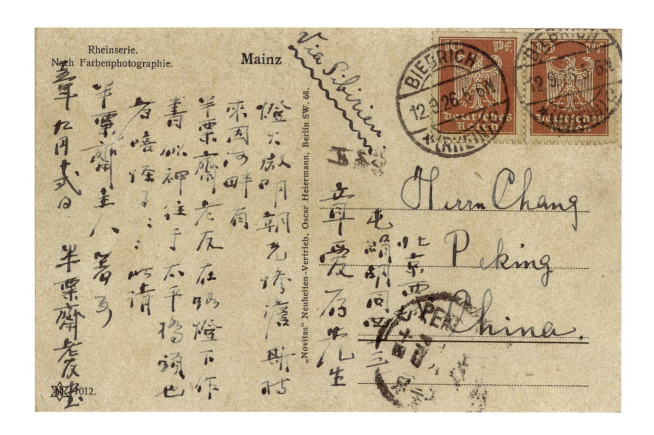

1926 年 9 月 12 日

Herrn Chang, Peking, China

北京西城屯绢胡同四十三

章爱存先生

　　灯火微明，朝光惨澹，斯时来因河畔有半粟斋老友在路灯下作书，似神往于太平桥头也者。嘻！怪事怪事。此请半粟斋主人箸安。

半粟斋老友书

十五年九月十弍日

发维四泉

王不留行夜不收，清风为侣月同俦。

平明长啸出门去，飞渡来因河上舟。

"夜不收"三字见赵瓯北[①]诗。

梁希上

十五，九月十二日晨

---

①赵瓯北：即赵翼（1727—1814）。字云松，号瓯北，清代著名学者、诗人。诗与袁枚、蒋士铨齐名，时称"三大家"，有《瓯北诗集》。长于史学，有《廿二史札记》《皇朝武功纪盛》《陔余丛考》等。

1926 年 9 月 12 日

代船客怨雨

山雨云遮顶，江风浪出头。

一千消暑客，愁杀满天秋。

代雨答船客

无云雨不行，无山云不聚。

不见江上山，好怨江上雨。

民国十五年九月十二日游来因河纪念

DAMPFSCHIFFAHRT
AUF DEM RHEIN
Nach Ölgemälden von
PAUL PÜTZHOFEN=HAMBÜCHEN

Postkarte

Verlag von Hoursch & Bechstedt in Köln am Rhein

An

片物
皆柏林普通市景
此来因河风景，其余

No. 606.　　Salondampfer
vor Braubach mit der Marksburg

此来因河风景，其余皆柏林普通市景片也

TIENTSIN-RESTAURANT Inh. Tsai tien Wen Charlottenburg, Kantstr. 130 b. Tel. Stpl. 12552

1926 年 9 月 14 日

柏林天津饭馆[1]

玉盘金斗胜浮名，肯为浮名苦一生。

莫笑吴侬徒哺啜，秋风犹自愧莼羹。

民国十五年九月十四日游柏林纪念

[1]天津饭馆：明信片中饭馆的中文招牌为"京津饭馆"，而外文招牌（威氏拼音）则为"天津饭馆"（Tientsin Restaurant），故明信片正反面有"天津饭馆""京津饭馆"两种名称。

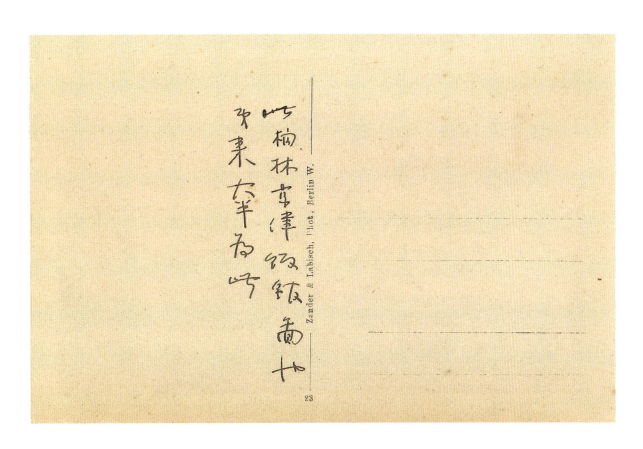

此柏林京津饭馆图也，弟来大半为此

1926 年 9 月 19 日

闻许叔玑兄重长北京农大寄赠

片云不托垂天翼，杯水难容横海鳞。

闻说清风许元度，竟从俗客辩劳薪。

十五年九月十九日柏林寓次

1926 年 9 月 20 日

闻吴君毅兄去京入蜀寄赠

易水萧萧风雨哀，一宵吹倒黄金台。

五侯鲭味不过尔，万里鹏图何壮哉。

寰海无人向西笑，峨嵋有客自东来。

浣花溪里千杨柳，可有当年手自栽。

再赠

望断吴门水阁头，萧萧暮雨不胜秋。

已为豪语添行色，忽复沈思动别愁。

日近长安人易到，天连蜀道我难游。

纵然身似天边鸟，无奈年来兵未休。

十五年九月二十日柏林

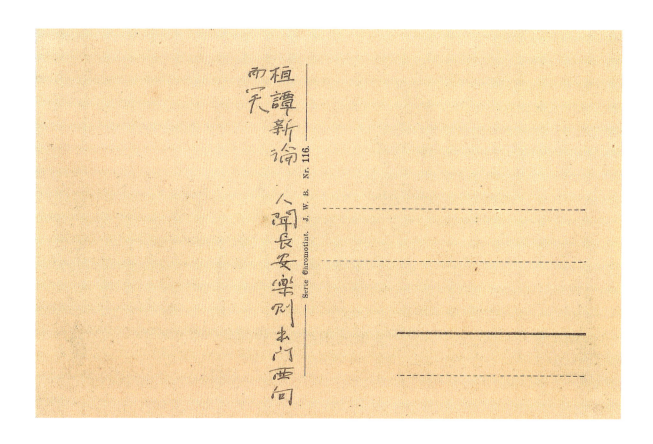

桓谭《新论》：人闻长安乐，则出门西向而笑①。

①桓谭，东汉哲学家、经济学家，著有《新论》二十九篇。"人闻长安乐，则出门而西向笑"，是桓谭引关东鄙语。西望长安而笑，谓渴慕帝都。

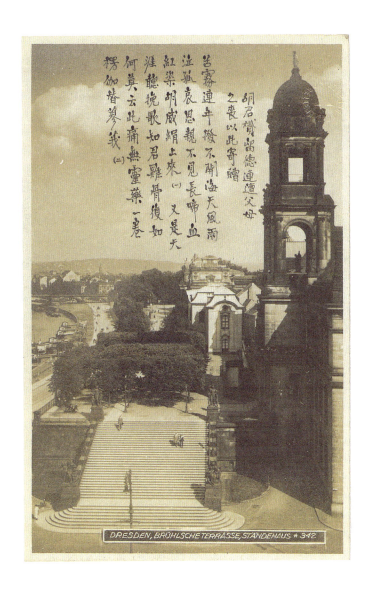

1926 年

胡君赟留德连遭父母之丧以此寄赠

　　苦雾连年拨不开，海天风雨泣孤哀。

　　思亲不见长啼血，红染胡威绢上来。（一）

　　又是天涯听挽歌，知君鸡骨复如何。

　　莫云此痛无灵药，一卷楞伽[1]替蓼莪[2]。（二）

①楞伽：指《楞伽阿跋多罗宝经》。
②蓼莪：指《诗经》中的《小雅·蓼莪》。

1926 年 9 月 21 日 ①

丙寅中秋柏林舞席

百尺琼楼插翠空，今宵疑入广寒宫。

更无地觅中秋月，恍有人歌昨夜风。

双翼翱翔联彩凤，九天缥渺落轻鸿。

纵然不作游仙想，也合登临学谢公。

十五年九月廿一日柏林旅次

"疑"字改"深"字庶与第三句呼应，未知高明以为何如。

①此明信片两面为两个日期，分别为 9 月 21 日和 9 月 28 日。

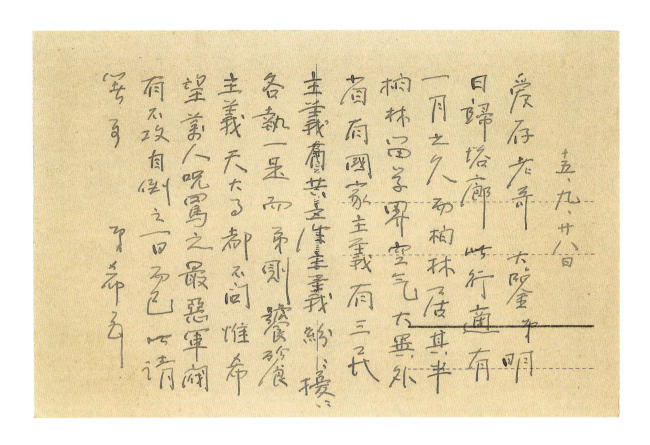

1926 年 9 月 28 日

爱存老哥大鉴：

　　弟明日归塔廊。此行适有一月之久，而柏林居其半。柏林留学界空气大异外省，有国家主义，有三民主义，有共产主义，纷纷扰扰，各执一是。而弟则饕餮主义，天大事都不问，惟希望万人咒骂之最恶军阀，有不攻自倒之一日而已。此请箸安。

　　　　　　　　　　　　　　　　　　弟希顿首
　　　　　　　　　　　　　　　　　　十五，九，廿八日

1926 年 10 月 8 日

咏半粟斋《朝颜》五首

（一）红袍

天台山杏武陵桃，金色丝文紫锦绦。

方朔由来朝市隐，一生见惯大红袍。

（二）朝乱云

隔水人家隔水烟，朝来爽气落尘缘。

乱云飞入碧空去，描出东方第一天。

180

1926 年 10 月 8 日

（三）神光

玉骨冰肌萼绿华，早朝步出绣帘斜。

此君不侍明光殿，也作神州掌故花。

（四）曙楼

淡妆粗服乱蓬头，晓雾昏昏倚翠楼。

恍似玉人春睡起，樱桃半掩不胜羞。

（五）国誉

换骨金丹信有之，龙腾虎变百年姿。

无双国士无双誉，经世文章光陆离。

爱存我兄斧政

弟希上

十五年十月八日

1926 年 10 月 10 日

双十节[①]三首

满城风雨满帘霜，应节何能不举觞。

冈上黄花向天笑，年年双十近重阳。（其一）

烈士无春花有秋，黄金簪满玉人头。

可怜举国笙歌里，白日青天一点愁。（其二）

不分僧院与人家，双十临头鞠始华。

绝妙吟诗好材料，何妨此节号黄花。（其三）

民国十五年双十节，夏历丙寅九月初四日

①双十节：为了纪念辛亥革命推翻封建帝制、中华民国成立而设立的节日。民国政府特定 10 月 10 日为"国庆节"，也称为"双十节"。中华人民共和国成立后，定此日为"辛亥革命纪念日"。

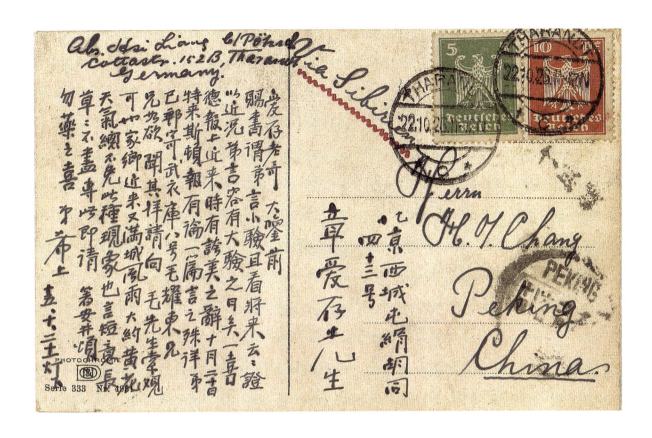

1926 年 10 月 21 日

Herrn H. T. Chang, Peking, China

北京西城屯绢胡同四十三号

章爱存先生

爱存老哥大鉴：

　　前赐书谓弟言小验，且看将来云云。证以近况，弟言容有大验之日矣。一喜德报上近来时有夸美之辞，十月二十日《特来斯顿报》有论一篇，言之殊详，弟已邮寄武衣库八号毛耀东兄。兄如欲闻其详，请向毛先生索观可也。家乡近来又满城风雨，大约黄花天气，总不免此种现象也。言短意长，草草不尽，专此即请箸安，并颂勿药之喜。

　　　　　　　　　　　　　　　　　　弟希上

　　　　　　　　　　　　　　　十五，十，二十一灯下

1926 年 10 月 30 日

半粟《咏小雀》有云"不带生来一点愁"，其令郎问："安知雀无愁？"半粟复赋诗置辩以示，予戏答二绝：

未必诗翁能鸟语，安知小雀竟无愁。

郎君言语妙天下，道在逍遥境外求。（一）

乔梓争衡诗一章，看他两造各雌黄。

阿侬不管伊家事，曲直还询公冶长。（二）

爱存我兄哂存

弟希戏言

十五年十月卅日下午

1927

1927 年 5 月 20 日

次韵半粟沿城河散步

人去人来风送迎，燕京三月百花明。
花明如昔人非旧，冠盖年年压凤城。

次韵半粟遇严君竹轩劝以乱世自爱

无涯知识有涯生，枕上忧天梦不成。
后二十年兴废事，可能买卜问君平。

爱存老哥斧政

弟希草上
十六年五月二十日

186

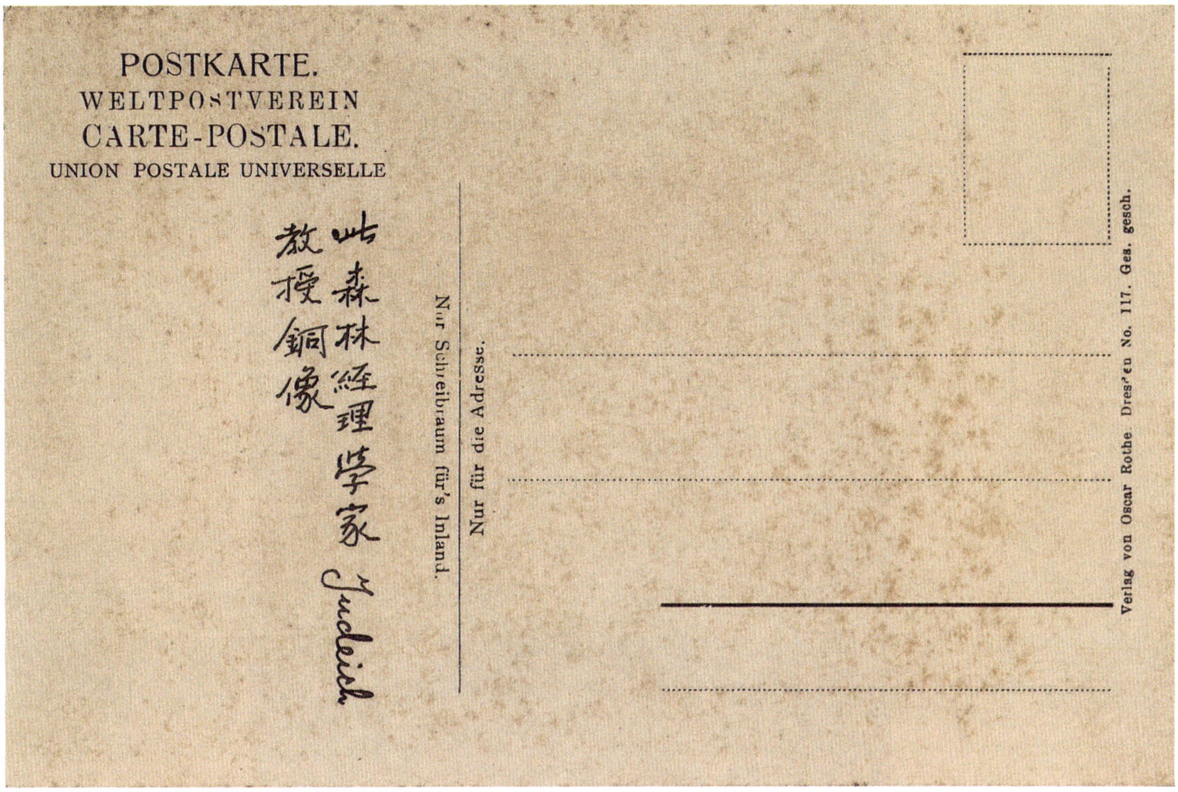

此森林经理学家 Judeich[1]教授铜像

---

①Judeich：即 Friedr Judeich（1828—1894），系最先提出并完善了森林土地净产量理论的学者。森林经理学，是研究如何实现森林可持续经营的理论和技术的一门综合性科学。

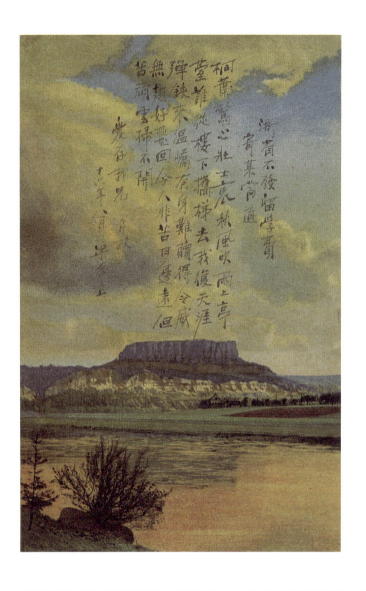

1927 年 8 月

浙省不发留学费寄某当道

桐叶惊心壮士哀，秋风吹雨上亭台。

谁从楼下携梯去，我复天涯弹铗来。

温峤有身难赎得，令威无翅好飞回。

今人非苦日边远，但苦顽云扫不开。

爱存我兄斧政

梁希上

十六年八月

188

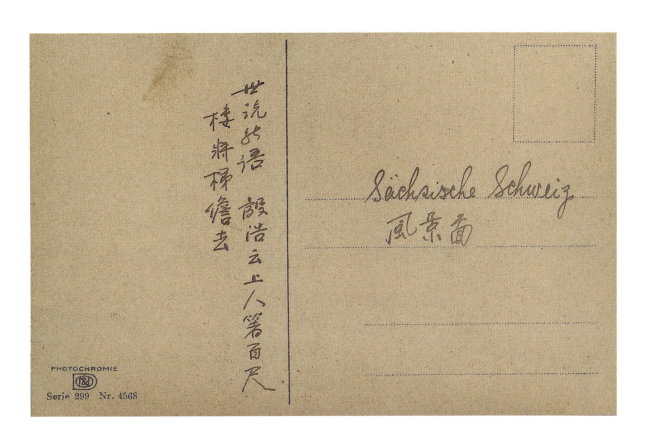

Sächsische Schweiz 风景图

《世说新语》殷浩云："上人箸百尺楼，将梯儋去。"

1927 年 8 月

贺许叔玑兄次女许周君邦垣[1]（其一）

湖山胜处雀屏开，老眼无花看镜台。

正似真长小如意，未须宣武大雄才。

春风桃李为娇客邦垣受业于叔玑兄，秋叶梧桐亦好媒。

翁自冰清婿如玉，两家婚媾有由来。

①周邦垣：曾任浙江农学院森林系教授。

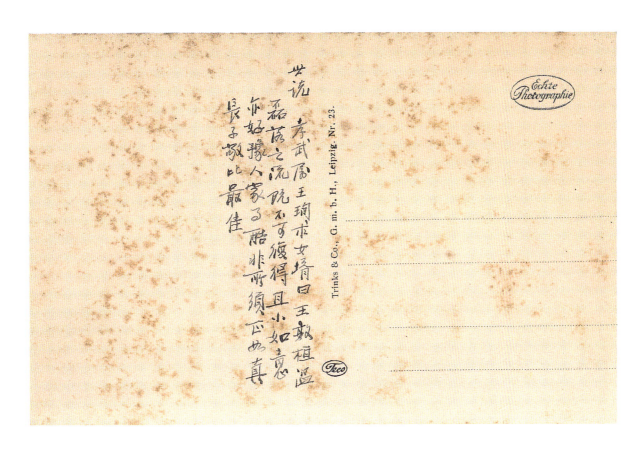

　　《世说》：孝武属王珣求女婿，曰："王敦、桓温，磊落之流，既不可复得，且小如意，亦好豫人家事，酷非所须，正如真长、子敬比，最佳。"

1927 年 8 月

贺许叔玑兄次女许周君邦垣（其二）

百年好事贺平章，西子湖头笑语凉。

太傅胸中惟逸少，小乔心里有周郎。

昨宵天上牵牛遇，今日人间卜凤忙。

两次伐柯无我分，山林一席缺辉光。

十六年八月夏历孟秋

1927 年 9 月 8 日

次韵半粟雨中荷花池畔

秋雨荷塘夜夜声，天公此处太无情。

六郎一病厌厌地，便是旁观笑不成。

次韵半粟公园遇骤雨

居然骚客出帘帏，风雨如何犯夕晖。

天看淋漓诗句好，故教头上黑云围。

次韵半粟燕京积雨泞淖难行

俗眼看来是玉衢，法身托此似岩岖。

雨余泥土沾人遍，白足禅僧一点无。

我尘老哥郢政

弟希谨和

十六年九月八日塔廊

1927 年 9 月 9 日

题章吴锦鳞编

数年来所得章半粟、吴君毅二兄见惠锦片，陆续搜集，煌然成册。慕其字，爱其诗，思其人，不独羡其片之佳丽而已。因名其书曰《章吴锦鳞编》而缀以句。

章台折下销魂柳，吴苑飞来解语花。

花复离披如见蝶，柳尤娇嫩不胜鸦。

丈夫于此当情死，怪底凡僧未出家。

爱存我兄郢政

弟凡僧草呈

民国十六年九月九日

1927 年 9 月 11 日

丁卯中秋杂诗

一从八月初三起，直到中秋夜夜晴。

诚识风光今夕最，可怜看惯不知明。

杯酒浇心心更烦，一天凉月望中原。

楼高不见慈恩塔，肠断凤城章八元 怀半栗。

中秋我已在西山，不见仙家吴彩鸾 依仙诗韵。

把酒问天一长望，几时重得到人间 忆吴君毅。

爱存老哥郢政

弟希草上

十六年九月十一日，丁卯中秋后一日

1927 年

丁卯中秋杂诗

大地无风六合和，九霄捧出一嫦娥。

醉中踏月销魂甚，高处看云遐想多。

尘世有秋聊复尔，玉宫不夜竟如何。

痴情欲与吴刚语，莫是君歌异我歌。

一千里色涌金波，此夕登临感慨多。

天上联星惟北斗，人间忆弟有东坡。

三年倾听胡僧话，八月虚传汉客过。

从此一槎归去也，明朝口信托姮娥。

[1927 年 9 月]

塔廊秋山

云鬟烟髻老风流，乞借斜阳无限秋。

阔叶黄金针叶翠，天教插满乱山头。

中秋后五日夜

山村无处不萧条，雨冷灯寒夜渐遥。

七夕中秋都过了，一年从此失良宵。

"夜渐"改"觉夜"。

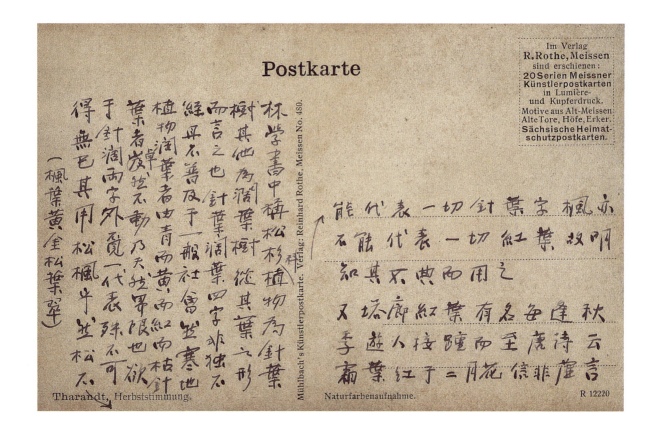

林学书中称松杉科植物为针叶树，其他为阔叶树，从其叶之形而言之也。针叶、阔叶四字非独不经，且不普及于一般社会。然寒地植物阔叶者，由青而黄而红而枯，针叶者卓然不动，乃天然界限也。欲于针、阔两字外觅一代表，殊不可得。无已，其用松、枫乎_{枫叶黄金松叶翠}？然松不能代表一切针叶，字枫亦不能代表一切红叶，故明知其不典而用之。

又，塔廊红叶有名，每逢秋季，游人接踵而至。唐诗云"霜叶红于二月花"，信非虚言。

咏跳舞
（一）旋風（Walzen）
管絃急急鼓逢逢，聲在燈昏酒亂中。
今夜了知郎半醉，與郎試個小旋風
有時旋風樂作則舞場燈火故意半滅或照以五色回旋電光。
（二）狐跳（Fox）
莫笑奴家古塚狐，天魔猶自傍文殊。
何妨黃白跳梁戲，一試人間小丈夫
（三）湯谷（Tango）
湯谷不知本意何取我友聶湯谷在德酷愛此舞，而譯音又與其名相合因以名焉
切切清音叩小絃，悠悠慢舞繞華筵。
十分儒雅風流地，一種金迷紙醉天

1927 年 9 月

咏跳舞

（一）旋风 Walzen

管弦急急鼓逢逢，声在灯昏酒乱中。

今夜了知郎半醉，与郎试个小旋风 有时旋风乐作则舞场灯火故意半灭或照以五色回旋电光。

（二）狐跳 Fox

莫笑奴家古塚狐，天魔犹自傍文殊。

何妨黄白跳梁戏，一试人间小丈夫。

（三）汤谷 Tango

"汤谷"不知本意何取，我友聂汤谷在德酷爱此舞，而译音又与其名相合，因以名焉。

切切清音叩小弦，悠悠慢舞绕华筵。

十分儒雅风流地，一种金迷纸醉天。

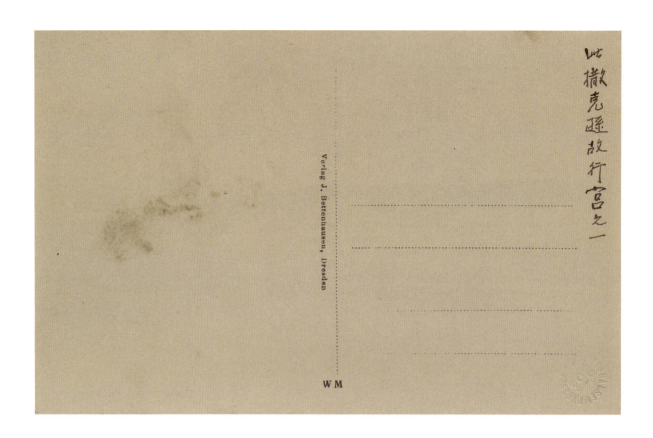

此撒克逊故行宫之一

1927 年 9 月

（四）虾蟆腿 Charleston [1]

此技出自北美 Charleston，两足自指至踵成八字形，两腿自踵至膝，又自膝至臀，皆成八字，反覆鼓动，形若虾蟆。音乐亦阁阁作蛙声。原为黑人舞，一九二六年传入欧洲，风行一时，原名 Chareston，从其地。此名"虾蟆腿"，象其形。

　　广寒仙子貌如花，身托银蟾踏桂华。
　　从此霓裳歌舞地，人人张股学虾蟆。

　　华灯万点照胡姬，阁阁声中舞态奇。
　　举国若狂成底事，远来笑杀黑人儿。

爱存我兄郢政

弟希上

民国十六年九月下旬塔廊寓次

①虾蟆腿（Charleston）：即查尔斯顿舞，是美国 19 世纪 20 至 30 年代流行的一种摇摆舞，以南卡罗来纳州查尔斯顿城命名。虾蟆，即蛤蟆。

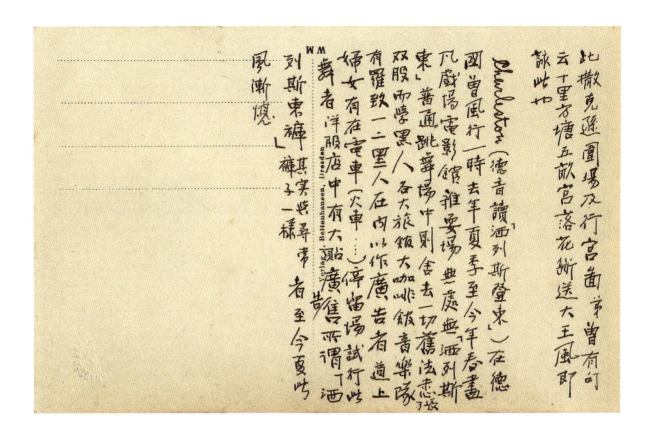

此撒克逊围场及行宫图。弟曾有句云："十里方塘五亩宫，落花断送大王风。"即咏此也。

Charleston^{德音读"洒列斯东"}在德国曾风行一时。去年夏季至今年春尽，凡戏场、电影馆、杂耍场，无处无"洒列斯东"。普通跳舞场中则舍去一切旧法，悉张双股而学黑人。各大旅馆、大咖啡馆音乐队有罗致一二黑人在内以作广告者，道上妇女有在电车^{火车……}停留场试行此舞者，洋服店中有大贴广告售所谓"洒列斯东裤"^{其实与寻常裤子一样}者，至今夏此风渐熄。

1927 年 10 月 13 日

次韵半粟兄癸亥重阳香山芙蓉坪和杨千里之作

诗酒清狂识性真，况从丘壑结交亲。

青山一见如知己，黄菊重逢似故人。

胜地芙蓉属才子，寥天风雨管良辰。

色丝九日登高句，留与杨家话受辛。

半粟原作

久别西山画不真，今朝游屐喜重亲。

无多红叶添秋色，除却黄花尽故人。

阅世留题余晚照清乾隆御碑，百年行乐几佳辰。

原来所玩多非故，慢说欢娱与苦辛。

诗成复短咏自嘲

半粟失惊千里笑，笑他太不着先鞭。

黄花明日犹开晚，何况开于后五年。

爱存我兄郢政

弟希草上

十六年十月十三日夏历丁卯九月塔廊

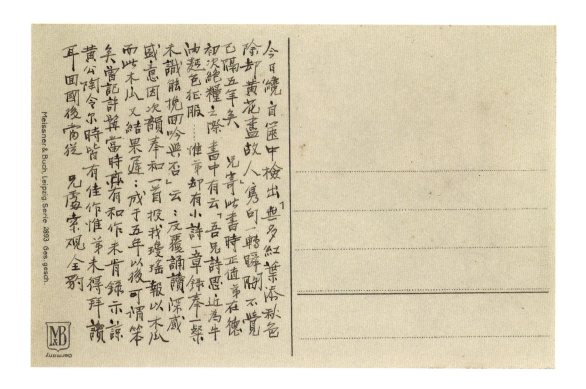

今日才自箧中检出"无多红叶添秋色，除却黄花尽故人"隽句，一转瞬间不觉已隔五年矣。兄寄此书时，正值弟在德初次绝粮之际，书中有云"吾兄诗思近为牛油面包征服……惟弟却有小诗一章，录奉一粲，未识能挽回吟兴否"云云。反覆诵读，深感盛意。因次韵奉和一首，投我琼瑶，报以木瓜，而此木瓜又结果迟迟，成于五年以后，可谓笨矣。曾记许髯当时亦有和作，未肯录示。谅黄公、陶令尔时皆有佳作，惟弟未得拜读耳。回国后当从兄处索观全豹。

1927 年 10 月 15 日

题陶氏春晖课读图拟作

甘蔗老头甜，莲子中心苦。江西与江东，古今两陶母。

堂前翰墨香，堂下松柏古。惟天有阙陷，娲皇炼石补。

精诚动鬼神，光彩生门户。苍苍赐儿山，千秋陶家土。

爱存老哥郢政

弟希草呈

十六年十月十五日塔廊寓次

1927 年 11 月 1 日

行装发送后有作

一箧图书艳缥缃，书生海外小排当。

今朝发送行装去，不觉魂飞落故乡。

归思浑如箭在弦，欲发不发心茫然。

回头不信闲山水，管住凡僧三四年。

十六年十月卅日作于塔廊

十一月一日书于柏林康德街卅号旅次

JUNKERS-VERKEHRS-FLUGZEUG IM FLUGE ÜBER JAGDSCHLOSS MORITZBURG

1927 年 11 月 2 日

谢特城送行诸君飞行场

连宵①灯火照无眠，话到临歧各怅然。

自是高情薄宵汉，非关送佛送西天。

黄姑织女下凡尘，来送千山万水身。

普告出门人记取，月之初一是良辰是日王君女友亦来飞行场相送。

"普告"改"报与"。

我尘老兄斧政

弟梁希上

十六年十一月弍日柏林康德街三十号

---

①原为"黄昏"，梁希在一旁改为"连宵"。

1927 年 11 月 2 日和 4 日

飞机中即景

俯视人寰似玉枰，满盘但有路纵横。

此中不^①复分高下，大地山河一样平。

城郭人民有若无，不糊涂处竟糊涂。

平林如褥川如带，一幅鸿蒙地理图。

爱存老兄斧政

弟梁希上

十六年十一月二日灯下柏林康德街卅号旅次

过柏林吴君毅旧寓口占

五载前曾宿老吴，危楼分管丽春湖。

而今人去山河杳，此岂黄公旧酒垆。

十一月四日

---

①原文"那"字上有删除符号，表示删去。

1927 年 11 月 5 日

次韵王致和送行诗

离合悲欢岂有常，相逢况是在他乡。

李陵泪尽苏卿去，谢朓诗成范子伤。

杯饮不须留地步，锡飞于此破天荒。

今朝暂借王乔舄[1]，他日重倾北海觞。

爱存老哥斧政

弟希上

十六年十一月五日柏林康德街卅号

①王乔舄：即东晋干宝《搜神记》中"王乔飞舄"典故。

1927 年 11 月 8—9 日

过莫斯科适逢苏俄十周年纪念

列宁心事转头空，剩有儿曹唱大同。

赤帝刘划诸子白，青天旗舞一方红。

使君落拓居人上，乱世英雄入彀中。

草草十年成创举，潮流却已遍西东。

十六年十一月八日

西比利亚车中作

月缺登车到月盈，月盈未及半归程。

千峰百障胡天路，一日三秋客子心。

都市从头无计数，邮亭过目不知名_{余不识俄字。}

如何当日元人士，驼马还能此远征。

十六年十一月九日

[1927 年] [①]

过乌拉岭 Ural

乌拉山巅气象雄，干霄林木郁葱葱。

千秋界限分欧亚，万里风烟接满蒙。

天上但看星北向，人间何止水流东。

回头西望邮亭小，点点旌旂雪里红。

过贝加尔湖 Beikalsee

琉璃窗外雪初融，炉暖何曾觉卯风。

万顷明湖看日出，长天秋水一齐红。（一）

云白风清近午天，湖光摇动雪峰巅。

疑从王子山阴道，来坐杜家春水船。（二）

①此明信片没有标注时间，编者根据内容，推测为 1927 年梁希回国途中所写。

1923—1927

朱杏南兄过敝寓有诗次韵答和

空谷无声落照斜，山深谁入野人家。

客来风月一宵话，树与云烟四面遮。

原作

飞泉鸣玉板桥斜，前后青山处士家。

春入梁园花似锦，书声鸟语绿阴遮。

黄莺

斗酒双黄柑，薄暮渡溪南。

溪南寂无侣，寻与黄莺语。

黄莺歌作断肠声，绵绵蛮蛮似有情。

春来东风不晓事，欲与过客诉生平。

生逢主人恶，生嫌主情薄。

摘尽雨肥梅，还寻风折萼。

十日不许近果林，持竿还呼莫莫莫。

黄莺黄莺尔无哗，黄莺黄莺尔无夸。

尔歌何益于农家，尔鸣何裨于桑麻！

尔朝朝践人之花，而暮暮啄人之瓜，愧杀水田官虾蟆。

五月鈴（Mai-glöckchen）

五月鈴曉來萬点
贏得仙家五月鈴
散園庭銀河倒瀉晨香亂白
日青天滿地星

五月鈴

菫菜（Veilchen）

山水精華草木靈紫
羅裳下碧朧玲一枝香
艶迎風露好個天花
號地丁（本草紫花地丁
同類）號字攙改嫁字

菫葉

○ 五月鈴依德文譯出拉丁名 Convallaria majalis 葉似百合花小如豆而白易歷五月開

○ 菫菜日人本爾雅譯出拉丁名總稱 Viola 其在德國者曰 Viola odorata 德人稱 Veilchen 譜入詩歌以表愛情本草紫花地丁亦 Viola 之一種

五 五月鈴乃草本花德人散植庭中花繁而小潔白可愛

604.

五月铃 Mai-glöckchen

赢得仙家五月铃，晓来万点散园庭。

银河倒泻晨昏乱，白日青天满地星。

菫菜 Veilchen

山水精华草木灵，紫罗裳下碧珑玲。

一枝香艳迎风露，好个天花号地丁 本草紫花、地丁同类。

"号"字拟改"嫁"字。

　　五月铃，依德文译出，拉丁名 Convallaria majalis ，叶似百合花，小如豆而白，阳历五月开。

　　菫菜，日人本《尔雅》译出，拉丁名总称 Viola。其在德国者曰 Viola odorata，德人称 Veilchen。谱入诗歌以表爱情。《本草》紫花、地丁亦 Viola 之一种。

　　又："五月铃"乃草本花，德人散植庭中，花繁而小，洁白可爱。

益庐旧伴存殁短咏四首

蔡毅父钟瀛[①]

频年不见蔡中郎，几度书丹太学旁。

出手分明龙虎势，如何飞白不飞黄。

毛少侯颂芬

骇世毛公藏博徒，龙腾虎吼决枭卢。

王孙公子平交惯，抵得三千珠履无。

博徒丛里何人识，我与毛公来解嘲。不作三千珠履想，王孙一半是平交。

①蔡钟瀛（1887—1945），别号毅甫，疑作毅父，湖南常德人，著名物理学家。

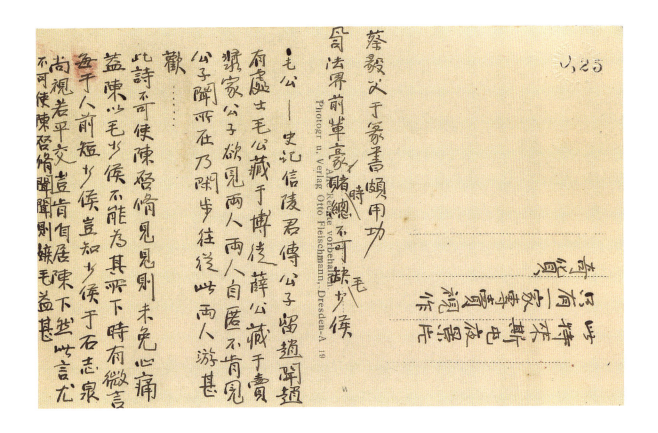

此特来斯屯夜景片，只有一家专卖，视作奇货

蔡毅父于篆书颇用功。

凡司法界前辈豪赌时总不可能缺毛少侯。

毛公——《史记·信陵君传》[1]：公子留赵，闻赵有处士毛公藏于博徒、薛公藏于卖浆家。公子欲见两人，两人自匿不肯见。公子闻所在，乃闲步往。从此两人游甚欢……

此诗不可使陈启修[2]见，见则未免心痛。盖陈以毛少侯不能为其所下，时有微言，每于人前短少侯，岂知少侯于石志泉，尚视若平交，岂肯自居陈下。然此言尤不可使陈启修闻，闻则嫉毛益甚。

---

[1]《史记·信陵君传》：即《史记·魏公子列传》。

[2] 陈启修（1886—1960），后改名陈豹隐，字惺农，笔名勺水、罗江，四川中江人。1917年毕业于日本东京帝国大学，同年受邀担任北京大学法科教授兼政治门研究所主任。1923年赴苏联和西欧考察。1925年归国后参与领导国民革命运动，历任广州黄埔军校教官与农民运动讲习所教员、国立中山大学法科务主席兼经济学系主任、武汉《中央日报》总编辑等。大革命失败后流亡日本，从事理论著述、文学创作和翻译工作，为中文《资本论》最早译者。抗战期间当选第一至四届国民参政会参政员。1947年任重庆大学商学院院长，1952年底调任四川财经学院（今西南财经大学）临时院务工作委员会教务组组长。1956年被评为经济学一级教授，为当时全国仅有的两名经济学一级教授之一。

化学室读维四立教授手抄本昏昏睡去为鸟雀噪醒

无端一觉_{去声}识华胥，断简催眠味有余。

雀噪羌村归客梦_{用杜诗《羌村行》"柴门鸟雀噪，归客千里至"语句}，蟹横蛮国老人书。

穿花本色为庄叟，散木前身即宰予。

万里相从元窃药，此行莫是广寒居。

此特城旧菜市

威廉第一①

龙头虎颈气森严，盖世功名两紫髯。

国士无双卑士麦，天威第一帝威廉。

河诚多恼流何曲 多瑙河，宫不知愁梦自甜 无愁宫。

金马铜驼行处有，至今犹耸万民瞻。

①威廉第一：即威廉一世（1797—1888），普鲁士王国国王，1871年1月18日就任德意志帝国第一任皇帝。

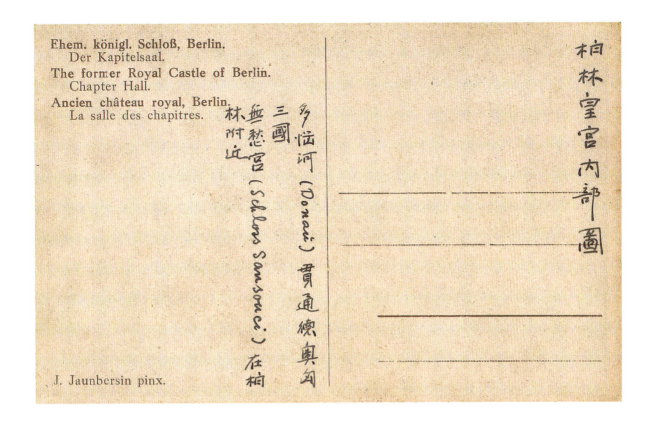

柏林皇宫内部图

多恼〔瑙〕河 Donau 贯通德奥匈三国，无愁宫 Schloss Sanssouci [1] 在柏林附近。

①无愁宫（Schloss Sanssouci）：18世纪普鲁士国王腓德烈大帝在波茨坦建造的一个洛可可式的宫殿。

威廉第二[①]

无愁宫里有高台，第二威廉安在哉。

草草荷兰闲送老_{威廉第二出奔荷兰国}[②]，离离禾黍梦增哀。

黑林貔虎平西去_{黑林山脉与法交界}，青岛朦胧败北来。

莫忆莱河风月旧，白头今夜岂堪回。

半粟斋主人清玩

凡僧题呈

①威廉第二：即威廉二世（1859—1941），德意志末代皇帝，1897年派军舰强占中国胶州湾，后又出兵镇压义和团运动，参与瓜分中国领土。1914年挑起第一次世界大战。1918年德国十一月革命爆发后逃亡荷兰，后病死。

②威廉第二出奔荷兰国：1918年11月3日，基尔港水兵起义，随之而来的是德国"十一月革命"，全国各地的爆发革命，社会主义革命者要求德皇威廉二世必须退位，否则不会加入政府组阁，这就意味着德国将爆发内战。为了避免德国的分裂，当时掌权者巴登亲王力劝威廉二世退位，面对这样的实际情况，威廉二世只能选择退位。

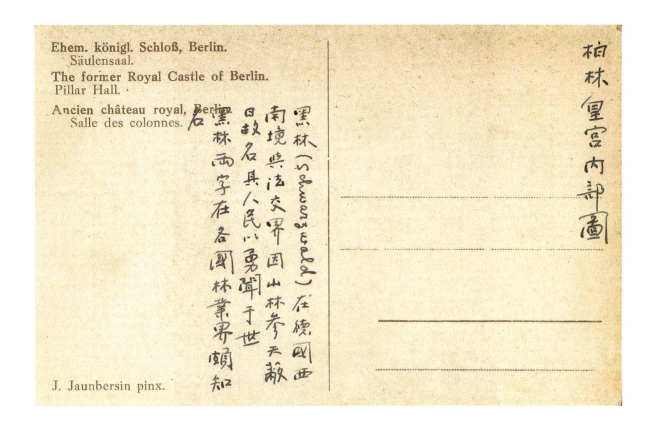

柏林皇宫内部图

　　黑林 Schwarzwald 在德国西南境与法交界，因山林参天蔽日故名，其人民以勇闻于世，
"黑林"两字在各国林业界颇知名。

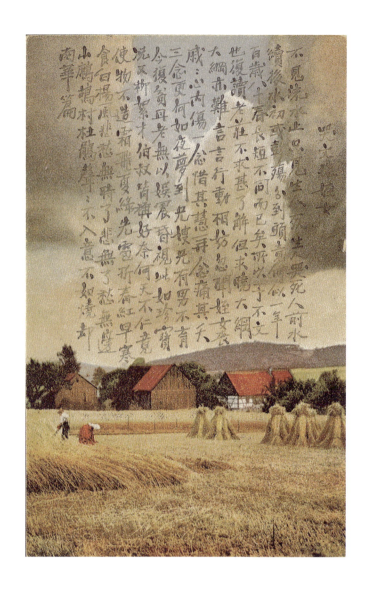

哭文［珠］侄女

不见流水止，只见生人死。生人哭死人，前水续后水。初或彭殇分，到头竟何似。一年百岁八十春，长短不同而已矣。所以予不文，也复读老庄。不求甚了解，但求晓大纲。大纲亦难言，言行动相妨。忽闻侄女丧，戚戚心内伤。一念惜其慧，再念痛其夭。三念更何如？夜梦到兄嫂。兄有男不育，今复贫且老。无以娱晨昏，视此如珍宝。况又柳絮才，伯叔皆称好。奈何天不仁，竟使物不造。霜飞夏绿先，雹折春红早。寒食白杨风，悲愁无时了。悲无了，愁无边。山鹧鸪，村杜鹃。声声不入意，不如烧却《南华》篇。

生查子·哭侄女

昔年寒食时，咏絮人如玉。

笑语隔窗闻，有酒呼诗叔。

今年寒食时，依旧杯中绿。

不见玉颜人，兄嫂关门哭。

Blick a. Tharandt v. Badetal aus.

题塔廊风景画册赠俞寰澄[①]兄

何处好停云，青山且送君。

一楼风半古，千里月平分。

春意[②]如相见，秋声不可闻。

游鳞三十六，情在岂关文。

相见欢 改句

危楼一半藏山，半藏烟。寂寞春花秋月送流年。

弃可惜，食无味，药炉丹。漫说淮南鸡犬好升天。

①俞寰澄（1881—1967），名凤韶，号任庐，浙江德清人，清末举人。中国民主革命家、企业家、银行家，中国民主建国会的创始人之一。

②"春意"后书写有"有时"，在"有时"二字上有删除符号。

四刘歌

楼船铁轨绕全球，未抵刘晨[1]一夕游。

山珍海味皆可口，不及刘伶[2]一杯酒。

天下英雄数到孤，无非刘毅一成卢[3]。

丹书读破千余卷，何似刘安[4]一家犬。

一刘艳，一刘颠，一刘豪，一刘仙，四者得一，出乎天天。

---

①刘晨：东汉传说人物，与阮肇入天台山采药时遇两丽质仙女，被邀至家中，并招为婿，结为夫妇，半年后回家，不知已过百年。返天台山寻访仙女，行迹渺然。见南朝刘义庆所著志怪小说集《幽明录》。

②刘伶（约221—300），字伯伦，沛国（今安徽宿州）人。魏晋时期名士，"竹林七贤"之一，以嗜酒不羁而闻名。

③刘毅（？—412），字希乐，沛国沛县（今江苏沛县）人。东晋末年将领。成卢，意思是赌博获胜。

④刘安：西汉淮南王刘长的长子，他"好读书鼓琴，不喜弋猎狗马驰骋"，和众门客著有《淮南子》等。

谐语

麻姑但识海扬尘，未识尘中事更新。

不积善人偏佞佛，有穷兵者曰安民_{保境安民今已成为老生常谈。}

时衰山亦无才盗_{龚定庵谓衰世非独难觅才士，即才盗亦难得}，库竭门翻有外宾。

万口一声维国货，年年兵器出强邻。

飞机四

羊角扶摇一路催，飘然长往莫迟回。

客从邹衍谈天去，人乞长房缩地来。

千里疾飞如掣电，九霄绝响似奔雷。

若教竟作云龙想，只恐虚遭野鹤猜。

有王君者，笑予在德国食馆好食鹅肉不惜巨资。

客亦不能书，书亦无人知。

黄金换肥鹅，笑杀王羲之。

1928

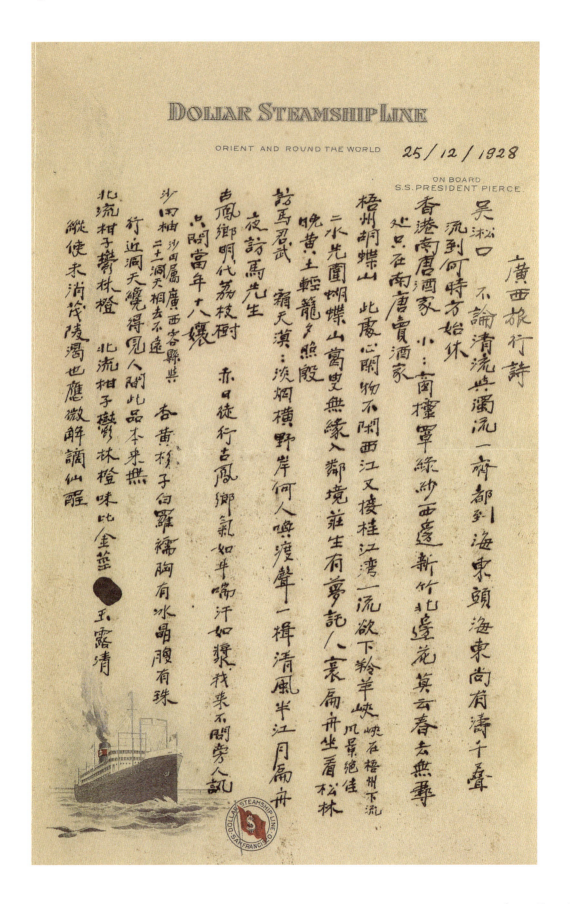

DOLLAR STEAMSHIP LINE

ORIENT AND ROUND THE WORLD　25 / 12 / 1928

ON BOARD
S.S. PRESIDENT PIERCE.

廣西旅行詩

吳淞口
不論清流與濁流一齊都到海東頭 海東尚有濤千疊
流到何時方始休

香港南唐酒家
小：南樓罩綠紗西邊 新竹北邊花算云春去無華
迄只在南唐賣酒家

梧州胡蝶山
此處心閒物不閒西江又接桂江灣一流欲下羚羊峽（峽在梧州下流）
二水先圍胡蝶山葛叟無緣入鄰境 莊生有夢託人寰扁舟坐看松林
晚黃土輕籠夕照殷（風景絕佳）

訪馬君武
賴天漢：淡烟橫野岸何人喚渡聲一櫂清風半江月扁舟

夜訪馬先生

古鳳鄉明代荔枝樹
只閒當年十八孃 赤日徒行古鳳鄉氣如牛喘汗如漿我來不問旁人訊

沙田柚
沙田屬廣西容縣興 杏黃樣子勻羅襦胸有冰晶腹有珠
行近洞天總得見人間此品本來無
二十二洞天相去不遠

北流柑子鬱林橙
縱使未消茂陵渴也應微解讀仙醒
北流柑子樹鬱林橙味比 金簽

玉露清

广西旅行诗

吴淞口

不论清流与浊流，一齐都到海东头。

海东尚有涛千叠，流到何时方始休。

香港南唐酒家

小小窗棂罩绿纱，西边新竹北边花。

莫云春去无寻处，只在南唐卖酒家。

梧州胡〔蝴〕蝶山

此处心闲物不闲，西江又接桂江湾。

一流欲下羚羊峡峡在梧州下流，风景绝佳，二水先围蝴蝶山。

葛叟无缘入邻境，庄生有梦托人寰。

扁舟坐看松林晚，黄土轻笼夕照殷。

访马君武②

霜天漠漠淡烟横，野岸何人唤渡声。

一楫清风半江月，扁舟夜访马先生。

古凤乡明代荔枝树

赤日徒行古凤乡，气如牛喘汗如浆。

我来不问旁人讯，只问当年十八娘。

沙田柚沙田属广西容县，与二十一洞天相去不远

杏黄衫子白罗襦，胸有冰晶腹有珠。

行近洞天才得见，人间此品本来无。

北流柑子郁林橙

北流柑子郁林橙，味比金茎玉露清。

纵使未消茂陵渴，也应微解谪仙酲。

---

①马君武（1881—1940），原名道凝，又名同，后改名和，字厚山，号君武，祖籍湖北蒲圻，出生于广西桂林，中国近代获得德国工学博士第一人，政治活动家、教育家。

龍眼　紫鱗青甲白雲封　神物由来不易逢　此處空留千眼在　幾人曾見

南寧農場　一條龍　覓說南寧種梅鳳梨　三年始到著花時　著花三載休嫌久　比到嬌桃未是遲

鳳梨　波羅蜜　二八年華阿鳳名　心頭一片別離情　使君若記波羅蜜　昏曉無

八念幾聲

木棉花　何妨多織木棉紗　大被天涯寒士家　只恐春風搖落後　一分

輕薄似楊花

柳州城外羊角山　廣西實業院在此
缺月半天生野火明　十里村春動五更　炎涼朝夕與此處最關情

逃極柳州城　連山四面成奇峰　平地起

長安雜詩

風吹陌頭塵亂揚　老夫策馬長安鄉　茶花十樹萬樹白　桐葉南村

北村黃估客持壽　詒百粵居民論籍　雜三湘前山收蕉　後山搾十字街頭

呼賣糖　忽彈人語雜三湘　但得知音計亦良　堪笑吳頭逢楚尾　馬牛

風裏認同鄉　明朝有約在前溪　算眠醒待同西　我是一宵無好

夢　夢都一難何事不高啼

桃花非復昔年枝　燕子樓空馬不嘶　地北天南秋老盡　夜長猶有夢君時

龙眼

紫鳞青甲白云封，神物由来不易逢。

此处空留千眼在，几人曾见一条龙。

南宁农场

见说南宁植凤梨，三年始到着花时。

着花三载休嫌久，比到蟠桃未是迟。

凤梨_{波罗蜜}①

二八年华阿凤名，心头一片别离情。

使君若记波罗密，昏晓无人念几声。

木棉花

何妨多织木棉纱，大被天涯寒士家。

只恐春风摇落候，一分轻薄似杨花。

柳州城外羊角山_{广西实业院在此}

幽极柳州城，连山四面成。

奇峰平地起，缺月半天生。

野火明千里，村春动五更。

炎凉朝夕异，此处最关情。

长安杂诗

风吹陌头尘乱扬，老夫策马长安乡。

茶花千树万树白，桐叶南村北村黄。

估客持筹夸百粤，居民论籍杂三湘。

前山收蔗后山榨，十字街头呼卖糖。一

忽闻人语杂三湘，但得知音计亦良。

堪笑吴头逢楚尾，马牛风里认同乡。二

明朝有约在前溪，草草眠醒待月西。

我是一宵无好梦，邻鸡何事不高啼。三

梦

桃花非复昔年枝，燕子楼空马不嘶。

地北天南秋老尽，夜长犹有梦君时。

①凤梨与波罗蜜是两种不同的水果，凤梨也叫菠萝，疑此处有混淆。

甘蔗　長安市上蔗漿鮮　把上并刀節：堅試問何時入佳境蜜甜畫
在老頭邊

柳州　不見柳州柳：州無柳：州風流與文采俯仰兩悠：
還

馬嶺石泉　亂石磷：未可攀一彎一曲似螺縈若教祸置林亭畔線
把真山作假山

南山雀　南山有雀北山羅雀去羅空可奈何畢竟爭持緣底事白銅銜

石龍村　今夜石龍村外村一燈如豆送黃昏燈昏攤卷不成讀臥聽枕頭
風打門

念奴嬌　柳江歸舟作
欲留無趣又欲歸無計如何是好十日陰風羊角暮
三慶石龍村曉萬紫千紅山南山北被子規啼老一聲殘同今朝真個
行了
兩邊烏桕丹楓船去忙煞山陰道九十八灘神鬼境非陸

長髮　三十三天不剃頭生涯一半在車并蓬：長髮君休笑
為在金田村上游

西江舟中　樓船款：獅江壽行近香山日正高十里巴蕉壓茅屋

縱無雨聽亦蕭騷

甘蔗
长安市上蔗浆鲜，把上并刀节节坚。
试问何时入佳境，蜜甜尽在老头边。

柳州
不见柳州柳，还无柳柳州。
风流与文采，俯仰两悠悠。

马厂石泉
乱石磷磷未可攀，一弯一曲似螺鬟。
若教移置林亭畔，几把真山作假山。

南山雀
南山有雀北山罗，雀去罗空可奈何。
毕竟争持缘底事，白翎衔璧亦无多。

石龙村
今夜石龙村外村，一灯如豆送黄昏。
灯昏摊卷不成读，卧听床头风打门。

念奴娇 柳江归舟作
欲留无趣，又欲归无计，如何是好。十日阴风羊角暮 羊角山，三度石龙村晓。万紫千红，山南山北，被子规啼老。一声残月，今朝真个行了。

两边乌柏丹枫，船来船去，忙煞山阴道。九十八滩神鬼境，非陆非洲非岛。岁岁年年，朝朝暮暮，过客知多少。临流色变，不如天上飞鸟。

长发
三十三天不剃头，生涯一半在车舟。
蓬蓬长发君休笑，身在金田村上游。

西江舟中
楼船款款狎江涛，行近香山日正高。
十里巴蕉压茅屋，纵无雨听亦萧骚①。

①萧骚：风吹树叶之声。

239

舟中冬至　西風十日柳州城被冷心寒睡不成難得嶺南冬至夜枕江
高臥到天明

夜洵香港　分明燈火亂山間夜見華燈不見山上簿銀河下望海不知是
世是仙寰

廣州　樓臺金碧立通途經緯分明入版圖看遍江南佳麗地江南無
此好規模

黃花崗弔喻烈士培倫　二十年前向雷都巴山舊話論憶聯牀一朝碧
血埋春草萬古黃花甲夕陽翠竟先生真曠達若教不死已頹唐
我來稽首墳前土未暇傷君暗自傷（散）

黃花崗弔林烈士尹民　萬紫千紅一瞬灰可憐香盡不重回林家別有
芳菲節烈士黃花墓士梅

海箴　論量海為大論心海最貪來源了不問清濁都色涵搜括百川流流塌
更何堪我從廣西來請為廣西談廣西五大川一氣滙東南就中柳江
險大小百餘灘灘：石骨露處；溪水乾農家稻不收望論蕉與柑無食
斯為盜吁嗟行路難八告不知足物苦不知艱在山惜涓滴出山翻狂瀾
江水還朝宗海心安未安

舟中冬至

西风十日柳州城，被冷心寒睡不成。

难得岭南冬至夜，枕江高卧到天明。

夜泊香港

分明灯火在山间，夜见华灯不见山。

上薄银河下星海，不知是世是仙寰。

广州

楼台金碧立通途，经纬分明入版图。

看遍江南佳丽地，江南无此好规模。

黄花岗吊喻烈士培伦

二十年前白面郎，巴山旧话忆联床。

一朝碧血埋春草，万古黄花吊夕阳。

毕竟先生真旷达，若教不死已颓唐。

我来稽首坟前土，未暇伤君暗自伤。

黄花岗吊林烈士尹民

万紫千红一瞬灰，可怜香散不重回。

林家别有芳菲节，烈士黄花处士梅。

海箴

论量海为大，论心海最贪。来源了不问，清浊都包涵。

搜括百川流，流竭更何堪。我从广西来，请为广西谈。

广西五大川，一气汇东南。就中柳江险，大小百余滩。

滩滩石骨露，处处溪水干。农家稻不收，遑论蔗与柑。

无食斯为盗，吁嗟行路难。人苦不知足，物苦不知艰。

在山惜涓滴，出山翻狂澜。江水还朝宗，海心安未安。

1929

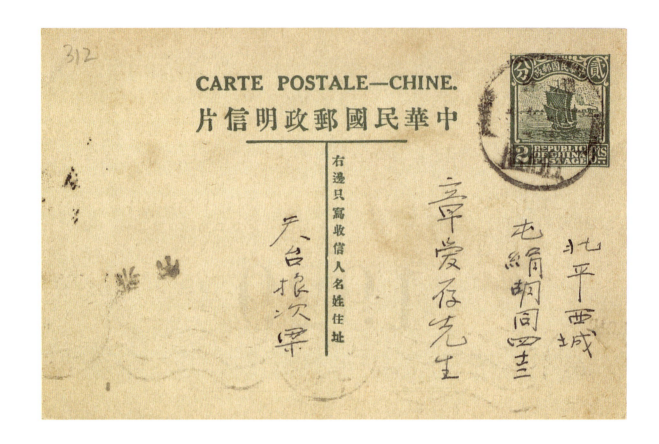

1929 年 11 月 8 日

北平西城屯绢胡同四十三

章爱存先生

　　天台旅次梁

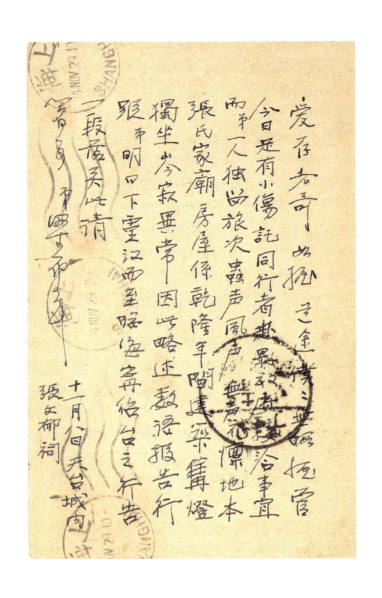

爱存老哥如握：

道途仆仆，无暇握管，今日足有小伤，托同行者赴县政府接洽事宜，而弟一人独留旅次，虫声风声，无声不懔。地本张氏家庙，房屋系乾隆年间建筑，篝灯独坐，岑寂异常。因此略述数语报告行踪，弟明日下灵江而至临海，宁、绍、台之行告一段落矣。此请箸安。

弟梁希拜
十一月八日天台城内张文郁祠

1930

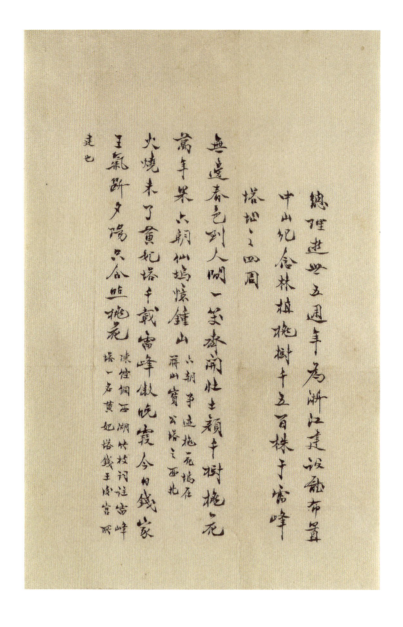

1930 年 3 月 16 日

总理逝世五周年，为浙江建设厅布置中山纪念林，植桃树千五百株于雷峰塔址之四周。

无边春色到人间，一笑齐开壮士颜。

千树桃花万年果，六朝仙坞忆钟山《六朝事迹》：桃花坞在蒋山宝公塔之西北。

火烧未了黄妃塔，千载雷峰傲晚霞。

今日钱家王气断，夕阳只合照桃花陈伫侗《西湖竹枝词》注：雷峰塔一名黄妃塔，钱王后宫所建也。

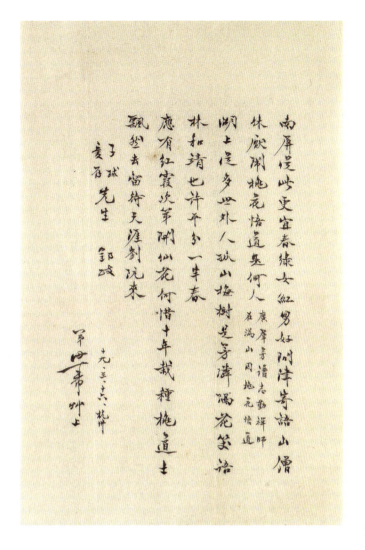

1930 年 3 月 16 日

南屏从此更宜春，绿女红男好问津。

寄语山僧休厌闹，桃花悟道是何人《广群芳谱》：志勤禅师在沩山因桃花悟道。

湖上从多世外人，孤山梅树是芳邻。

隔花笑语林和靖，也许平分一半春。

应有红霞次第开，仙花何惜十年栽。

种桃道士飘然去，留待天涯刘阮来。

子球、爱存先生郢政

弟梁希草上

十九，三，十六杭州

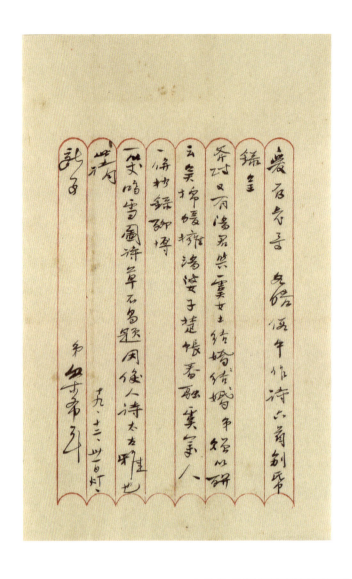

1930 年 12 月 31 日

爱存老哥如晤：

假中作诗六首，别纸录呈斧正。又有汤君与虞女士结婚，弟赠以联云："吴棉暖拥汤婆子[①]，楚帐春融虞美人。" 一并抄录，聊博一笑。

《鸿雪图诗草》不易题，因俊人诗太古雅也。

此请新安。

弟梁希拜

十九，十二，卅一日灯下

①汤婆子：吴地方言，亦作"烫婆儿"，南方冬日取暖用具。

1931

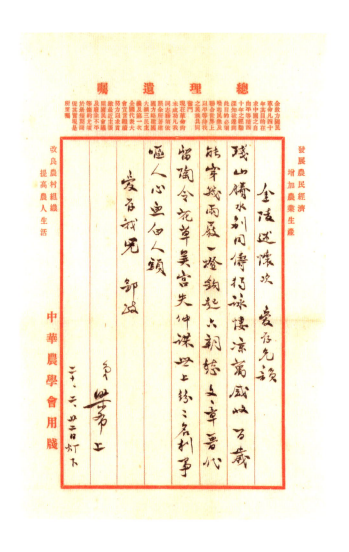

1931 年 2 月 22 日

金陵述怀次爱存兄韵

残山剩水别同俦，独咏凄凉万感收。

百岁能穿几两屐，一灯钩起六朝愁。

文章晋代留陶令，花草吴宫失仲谋。

世上纷纷名利事，呕人心血白人头。

爱存我兄郢政

弟梁希上

二十，二，廿二日灯下

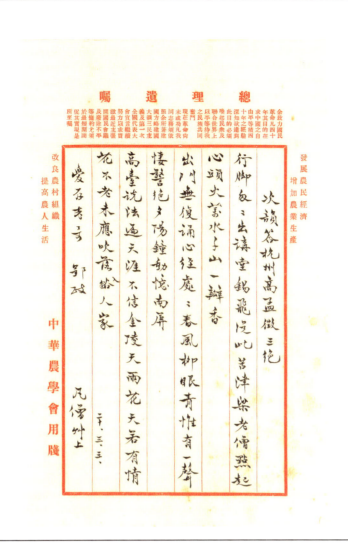

1931 年 3 月 3 日

次韵答杭州高孟徵[1]三绝

行脚匆匆出讲堂，锡飞从此苦津梁。

老僧点起心头火，万水千山一瓣香。

出门无复诵《心经》，处处春风柳眼青。

惟有一声凄警绝，夕阳钟动忆南屏。

高台说法遍天涯，不信金陵天雨花。

天若有情花不老，未应吹落入人家。

爱存老哥郢政

凡僧草上

二十，三，三

[1]高维魏（1888—1969），字孟徵，浙江仁和人。1917年毕业于北海道大学农学部农学科，曾任浙江省立甲种农业专门学校校长、杭州市参议员等职。

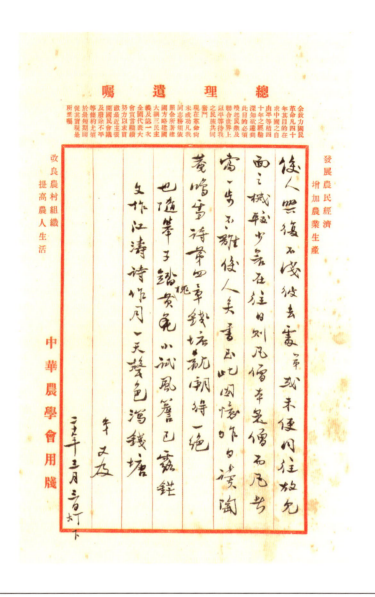

總 理 遺 囑

1931 年 3 月 3 日

　　俊人兴复不浅，彼去处弟或未便同往，故见面之机较少，若在往日，则凡僧本是僧，而凡者当一步不离俊人矣。书至此，因忆昨日读陶庵[1]鸿雪诗第四章《钱塘观潮》，得一绝：

　　　也随举子踏槐黄，小试风檐已露铦。
　　　文作江涛诗作月，一天声色泻钱塘。

弟又及

二十年三月三日灯下

---

①陶庵：即陶昌善（1879—？），字俊人，浙江嘉兴人。毕业于日本北海道帝国大学农科，民国时期曾任农商部秘书兼国立北京大学农学院教长等职。曾作《陶盦鸿雪图》，正文所提《钱塘观潮》即为其中一首。

1932

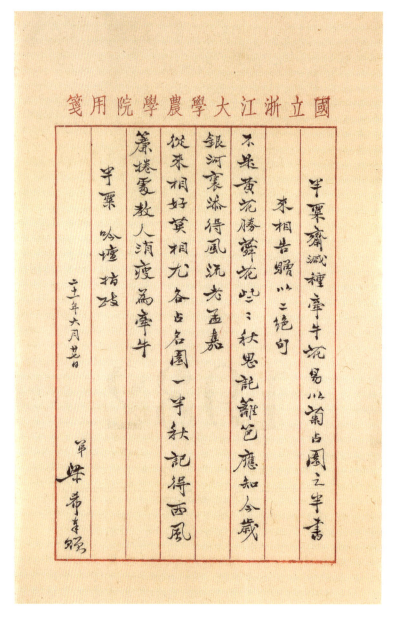

1932 年 6 月 27 日

半粟斋减种牵牛花易以菊，占园之半，书来相告，赠以二绝句

> 不是黄花胜薜花，些些秋思托篱笆。
>
> 应知今岁银河里，添得风流老孟嘉。

> 从来相好莫相尤，各占名园一半秋。
>
> 记得西风帘卷处，教人消瘦为牵牛。

半粟吟坛指政

弟梁希奉赠

二十一年六月廿七日

1933

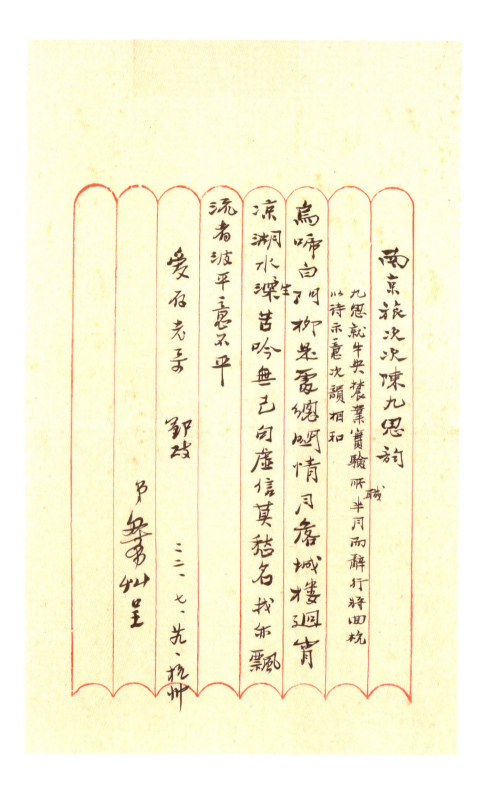

南京旅次次陈九思韵

九思就中央农业实验所半月而辞行将回杭
以诗示意次韵相和 职

乌啼白门柳先生 云缕咽情月落城楼迥青

凉湖水深苦吟无已句虚信莫愁名我亦飘

流者波平意不平

爱石老弟 郭政

三二、七、先、杭州

呈

1933 年 7 月 29 日

南京旅次次陈九思[1]韵

九思就中央农业实验所职半月而辞，行将回杭，以诗示意，次韵相和。

乌啼白门柳，是处总关情。

月落城楼迥，宵凉湖水生。

苦吟无己句，虚信莫愁名。

我亦飘流者，波平意不平。

爱存老哥郢政

弟梁希草呈

二二，七，廿九杭州

---

[1]陈九思（1901—1998），本名陈樾，字九思，以字行，浙江义乌人。民国时期先后任教于浙江省立高级农业学校、浙江大学、吴淞商船专科学校等校。

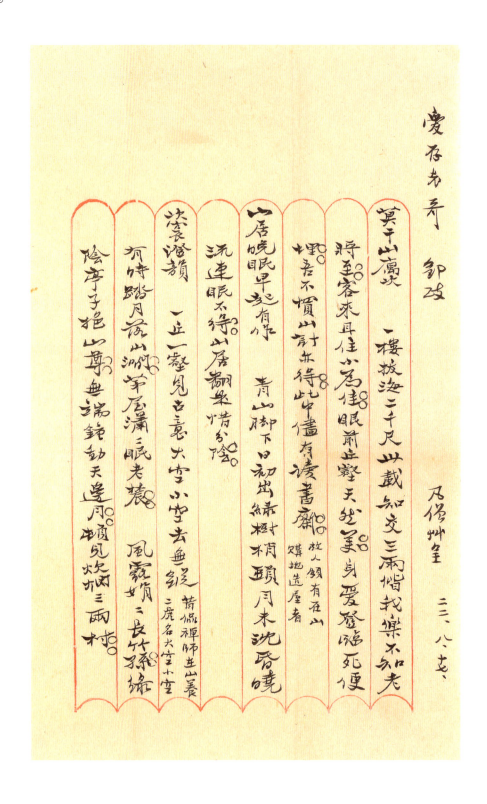

1933 年 8 月 17 日

莫干山寓次

一楼拔海二千尺，卅载知交三两偕。

我乐不知老将至，客来且住小为佳。

眼前丘壑天然美，身爱登临死便埋。

吾不买山计亦得，此中尽有读书斋_{故人颇有在山购地造屋者。}

山居晚眠早起有作

青山脚下日初出，绿树梢头月未沉。

昏晓流连眠不得，山居翻是惜分阴。

次寰澄韵

一丘一壑见古意，大空小空去无踪_{昔偓禅师在山养二虎名大空小空。}

有时踏月落山涧，茅屋潇潇眠老农。

风露娟娟长竹孙，绿阴亭子挹山尊。

无端钟动天边月，顿见炊烟三两村。

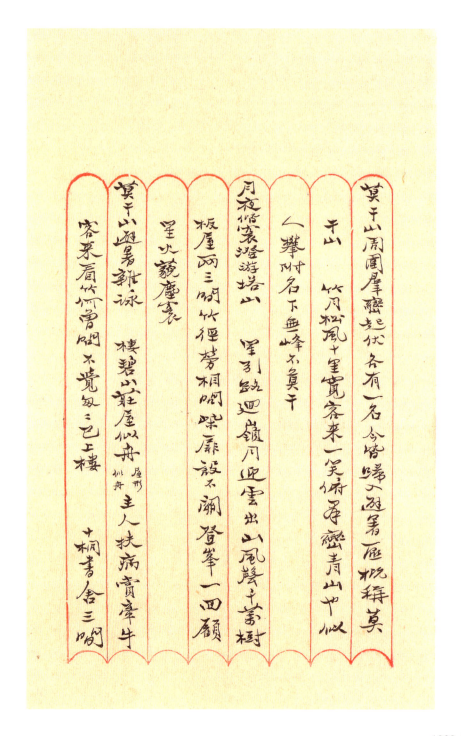

莫干山周圍群巒起伏 各有一名 今皆婦人遊暑處概稱莫

干山 竹月松風十里寬客來一笑俯身巒青山中似

人攀附名下無峰不莫干

月夜偕袁路游塔山 星引致迎嶺月迎雲出山風巖十蒼樹

板屋兩三明竹徑夢桐悶噪扉設不潮 登峯一四顧

星火巍塵寰

莫干山避暑雜詠 樓碧山莊屋似舟 屋形似舟 主人扶病賣犢牛

客來看竹何曾悶 不覺匆三已上樓 十桐書舍三哈

1933 年 8 月 17 日

莫干山周围群峦起伏，各有一名，今皆归入避暑区，概称莫干山。

竹月松风十里宽，客来一笑俯群峦。
青山也似人攀附，名下无峰不莫干。

月夜偕寰澄游塔山

星引路回岭，月迎云出山。

风声千万树，板屋两三间。

竹径劳相问，柴扉设不关。

登峰一回顾，星火藐尘寰。

莫干山避暑杂咏

栖碧山庄屋似舟<small>屋形似舟</small>，主人扶病赏牵牛。

客来看竹何曾问，不觉匆匆已上楼。

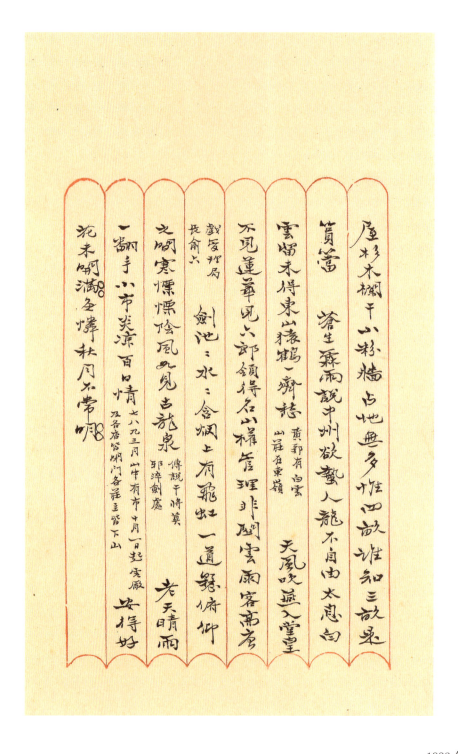

1933 年 8 月 17 日

十桐书舍三间屋，杉木栏干小粉墙。

占地无多惟四亩，谁知三亩是篑筥。

苍生霖雨说中州，欲蛰人龙不自由。

太息白云留未得，东山猿鹤一齐愁<small>黄邺有白云山庄在东岭。</small>

天风吹燕入堂皇，不见莲华见六郎。

领得名山权管理，非关云雨客高唐<small>戏管理局长俞六。</small>

剑池池水水含烟，上有飞虹一道悬。

俯仰之间寒栗栗，阴风如见古龙泉<small>传说干将、莫邪淬剑处。</small>

老天晴雨一翻手，小市炎凉百日晴　　　　<small>七、八、九三月山中有市，十月一日起</small>

安得好花未开满，每怜秋月不常明。　　　　<small>电厂及各店皆闭门，各庄主皆下山。</small>

　　爱存老哥郢政

　　　　　　　　　凡僧草呈

　　　　　　　　　二二，八，十七

1934

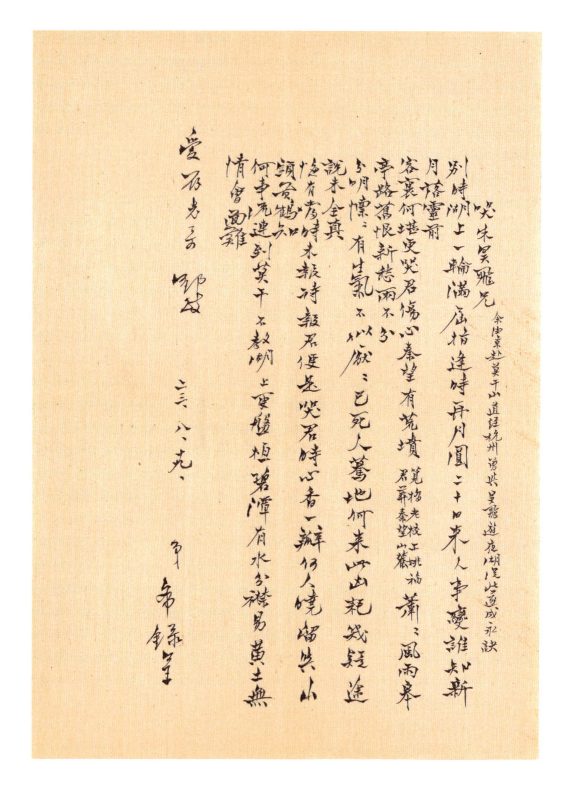

1934 年 8 月 19 日

哭朱昊飞兄[①] 余由京赴莫干山，道经杭州，曾与昊飞游夜湖，从此遂成永诀

别时湖上一轮满，屈指逢时再月圆。

二十日来人事变，谁知新月落灵前。

客里何堪更哭君，伤心秦望有荒坟 笕桥老校工姚福君葬秦望山麓。

萧萧风雨皋亭路，旧恨新愁两不分。

分明懔懔有生气，不似厌厌已死人。

蓦地何来此凶耗，几疑途说未全真。

悔有当时未报诗，报君便是哭君时。

心香一瓣何人晓，留与山头黄鹤知。

何事流连到莫干，不教湖上更盘桓。

碧潭有水分襟易，黄土无情会面难。

爱存老哥郢政

弟希录呈

二三，八，十九

---

①朱昊飞（1892—1934），字谨良，浙江人。1917年毕业于京师大学堂，至天津女子师范学校任教。后赴德国柏林大学留学，获化学博士学位。回国后，历任北京大学、中山大学、武汉大学、浙江大学教授。死后葬于杭州南高峰烟霞洞。

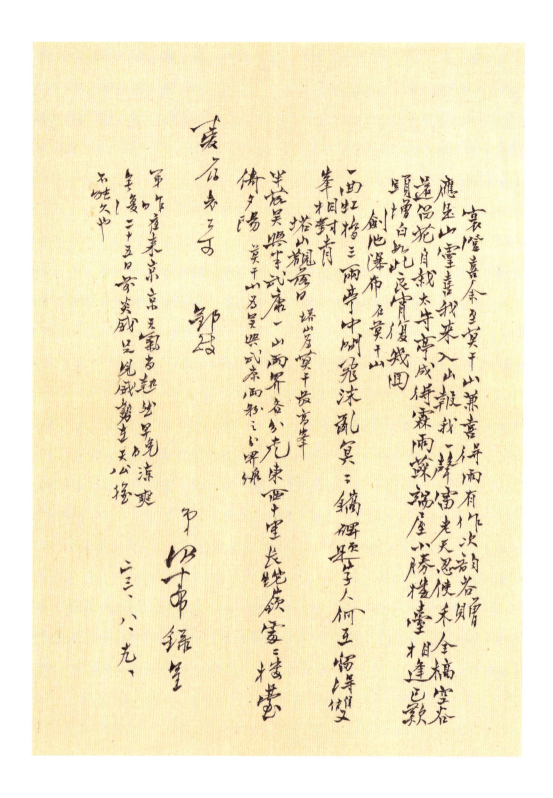

1934 年 8 月 19 日

寰澄喜余至莫干山兼喜得雨有作，次韵答赠

应是山灵喜我来，入山报我一声雷。

老天忍使禾全槁？空谷还留花自栽。

太守亭成得霖雨，苏端屋小胜楼台。

相逢已叹头增白，如此良宵复几回。

剑池瀑布在莫干山

一曲虹桥三两亭，中间飞沫乱冥冥。

镌碑题字人何在，留得双峰相对青。

塔山观落日塔山为莫干最高峰

半落吴兴半武康，一山两界各分光。

东西十里长蛇岭，处处楼台倚夕阳莫干山为吴兴、武康两县之分界线。

爱存老哥郢政

弟昨夜来京，京天气尚热，然早晚凉爽，无复二十五日前炎威，足见威势在天公犹不能久也。

弟梁希录呈

二三，八，十九

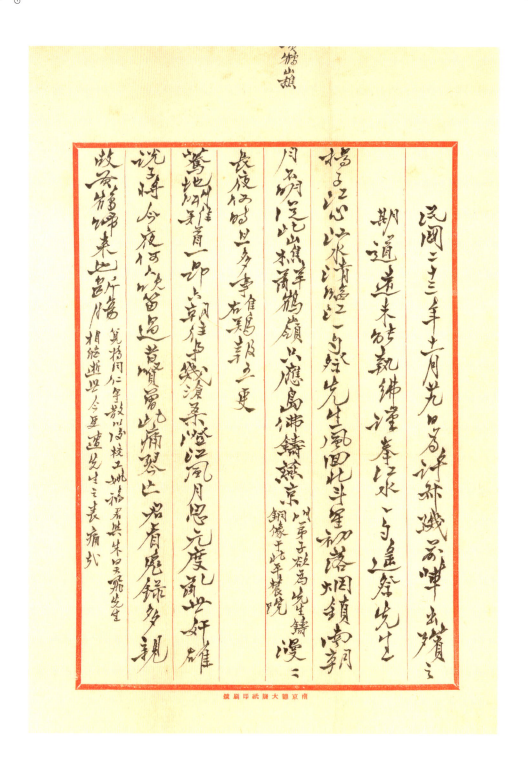

1934 年 12 月 4 日

民国二十三年十一月廿九日为许叔玑前辈出殡之期，道远未能执绋，谨奉江水一勺遥
祭先生

扬子江心江水清，临江一勺祭先生。

风回北斗星初落，烟锁南朝月不明。

从此山樵辞鹤岭，只应岛佛铸燕京。门弟子欲为先生铸铜像于北平农院。

漫漫长夜何时旦，多事雄鸡报五更。

蓦地闻难首一昂，六朝往事几沧桑。

澄江风月思元度，乱世奸雄说子将。

今夜何人吹笛过，昔贤曾此痛琴亡。

君看鬼录多亲故，黄鹤归来也断肠。笕桥同仁星散以后，校工姚福君与朱吴飞
先生相继逝世，今更遭先生之丧，痛哉。

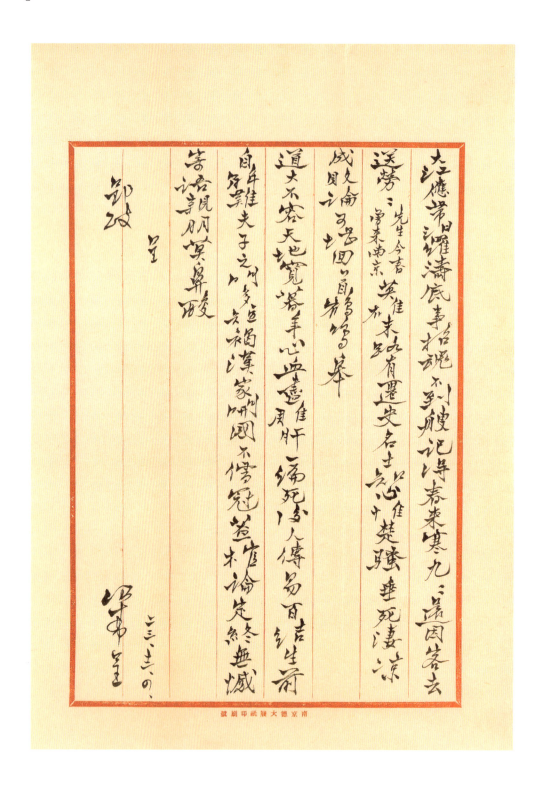

1934 年 12 月 4 日

大江应带汨罗涛，底事招魂不到艘？

记得春来寒九九，还因客去送劳劳 先生今春曾来南京。

英雄末路有迁史，名士知心惟楚骚。

垂死凄凉成败论，可堪回首鹤鸣皋。

道大不容天地宽，暮年心血尽雕肝。

一编死后人传易，百结生前自解难。

夫子之门多短褐，汉家开国不儒冠。

盖棺论定终无憾，寄语亲朋莫鼻酸。

呈郢政

梁希呈

二三，十二，四

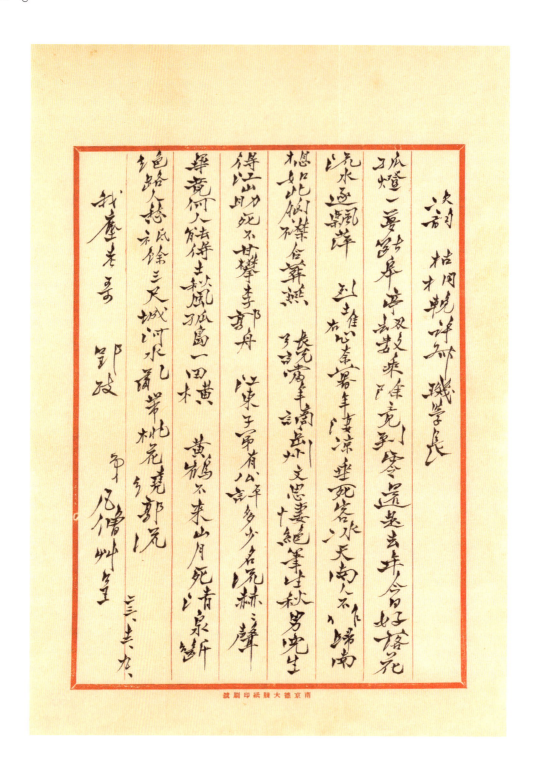

古月乾祥兄机学長

瓜燈一夢鄧車涯双文乘陸克到零遠去年合好插花

沅水逐飄萍去年佳人暑辛陸凉坐死客水天南人不歸南

想如此棟梁合葬燃長死癡辛詩岳州文思妻絶筆生秋男先生

得江山功死不甘攀李子舟陳子軍有公平多少名流赫三韋

畢竟何人能得去秋風孤島一田黃黄鶴不來山月死青泉所

絶路人愁不除三天城河水清带桃花堯郭况

試塵春弟 郭瓞 尾僧艸生 三其九

1934 年 12 月 9 日

次韵枯桐挽许叔玑学长

孤灯一梦断皋亭，劫数乘除竟到零。

还是去年今日好，落花流水逐飘萍。

烈士雄心奈暮年，凄凉垂死客冰天。

南人不作归南想，如此胸襟合葬燕。

张说[1]当年谪岳州，文思凄绝笔生秋。

男儿生得江山助，死不甘攀李郭舟。

江东子弟有公评，多少名流赫赫声。

毕竟何人能得士，秋风孤岛一田横。

黄鹤不来山月死，清泉断绝路人愁。

只余三尺城河水，乱带桃花绕郭流。

我尘老哥郢政

弟凡僧草呈

二三，十二，九

---

①张说（667—731），字道济，一字说之。著名文学家、政治家。唐玄宗时拜中书令，封燕国公。后贬相州刺史，转岳州刺史等职。

1935

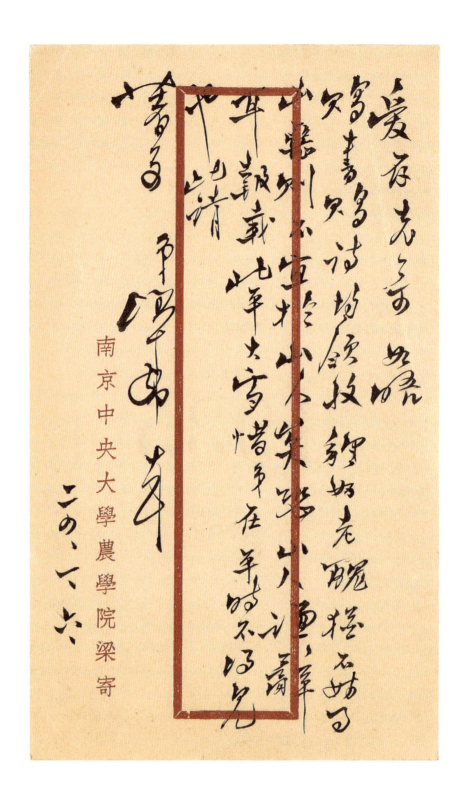

南京中央大學農學院梁寄

1935 年 1 月 6 日

280

爱存老哥如晤：

赐书赐诗均领收。狸奴老丑犹不妨事，凶恶则不宜于山人矣，恐山人谦辞耳。报载北平大雪，惜弟在平时不得见也。

此请著安。

弟梁希顿首

二四，一，六

恭賀　新禧

梁　希　鞠躬

次韻孑特任兄遇羅稔之作

題詩山驛字欹傾舒得王孫芳草名

蹉月繞樯虞喜宅好風已到秣陵城

丹聲觀贈　半栗齋殘菊二首

任是黃花最後凋愛花心切惜花嬌從教籬下依人慣不美

英雄髀肉消　五陵裘馬太輕肥天放黃花伴少微可惜龍

門千里遠不然我亦欲皈依

半栗先生正　鄒政

次韵孙雅臣①兄过慈溪之作

题诗山驿字敧倾，留得王孙芳草名。

落月才临虞喜宅，好风已到秣陵城。

再叠韵赠半粟斋残菊二首

任是黄花最后凋，爱花心切惜花娇。

从教篱下依人惯，不羡英雄髀肉消。

五陵裘马太轻肥，天放黄花伴少微。

可惜龙门千里远，不然我亦欲皈依。

呈半粟先生郢政

---

①孙雅臣曾与梁希一同在浙江大学任教。

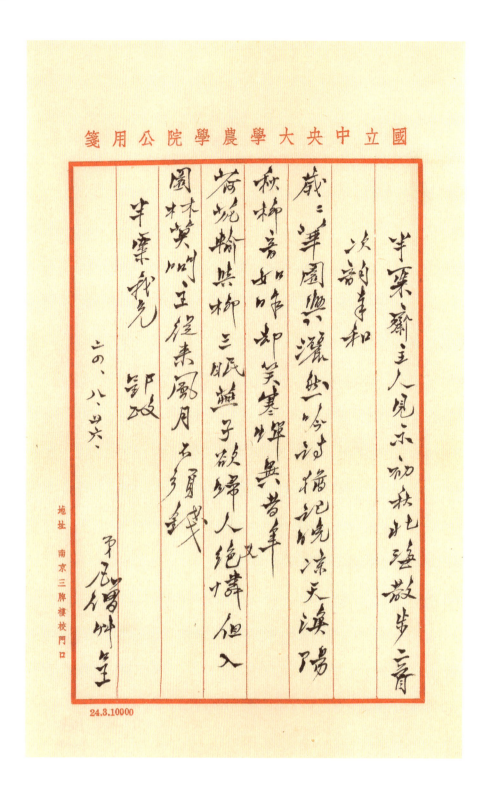

國立中央大學農學院公用箋

半栗齋主人兒示、初秋北強散步二首

次韻奉和

歲三筆園與灌與一吟詩稿記晚凉天海陽

秋柿音如咋卻笑寒窗無昔年

荷婉翰共柳三眠離子歡婦人絕譽但入

閭木莫附主從来風月去須錢

半栗我先 鈞政

二〇、八、廿六、

平凡僧艸堂

地址 南京三牌樓校門口

24.3.10000

1935 年 8 月 26 日

284

半栗斋主人见示初秋北海散步二首次韵奉和

　　岁岁华园兴洒然，吟诗犹记晚凉天。

　　渔阳秋柳音如昨，却笑寒蝉异昔年。

　　荷花输与柳三眠，燕子欲归人绝[①]怜。

　　但入园林莫问主，从来风月不须钱。

半栗我兄郢政

　　　　　　　　弟凡僧草呈

　　　　　　　　二四，八，廿六

①原文"绝"旁有一"又"字。

国立中央大学农学院公用笺

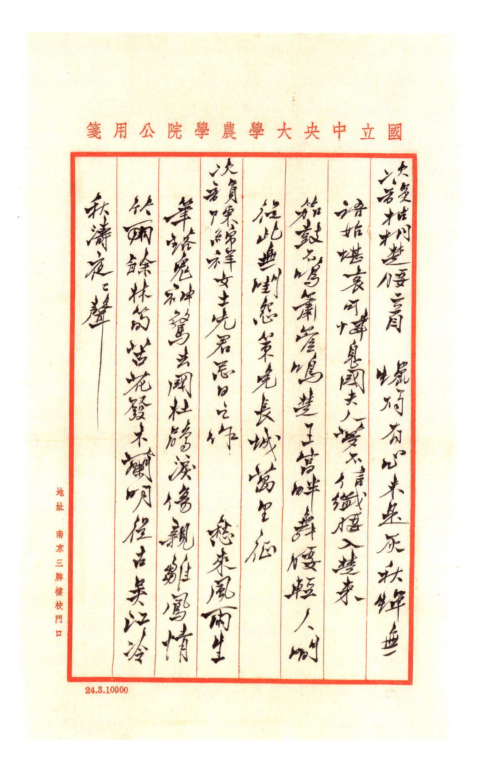

地址 南京三牌楼校门口

24.3.10000

1935 年 8 月 26 日

次韵枯桐楚腰①二首

蜡烛有心未是灰，秋蝉无语始堪哀。

可怜息国夫人梦，不信纤腰入楚来。

笳鼓不鸣箫管鸣，楚王宫畔舞腰轻。

人间从此无闺怨，策免长城万里征。

次韵陈绵祥女士先君忌日之作②

愁来风雨生，笔落鬼神惊。

去国杜鹃泪，伤亲雏凤情。

竹余林笋苦，花发木兰明。

从古吴江冷，秋涛夜夜声。

①楚腰：泛称女子的细腰。出自《韩非子·二柄》"楚灵王好细腰，而国中多饿人"。

②陈绵祥（1900—1985），字亨利，一字馨丽，号希虑，江苏吴江人，南社女诗人，陈去病长女。陈去病（1874—1933），原名庆林，字佩忍。
中国近代诗人，南社创始人之一。

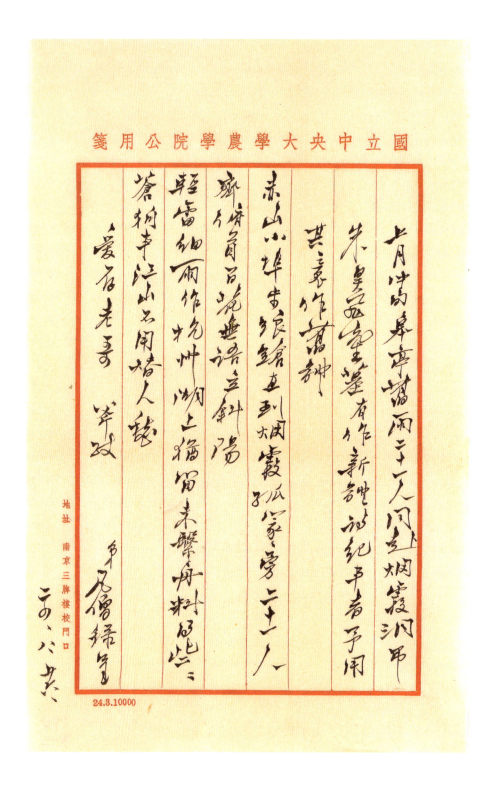

篁用公院學農大央中立國

七月廿四晨車過兩三人同至烟霞洞中

朱翌舍室藥有作，新體詩紀事尚子閑

其意作詩神

赤山小華吉辰倉卒到烟霞瓜家夢廿一人

娜傭曷日施無語立斜陽

輕雷細雨作九州湖上福留未艤舟料俉比三

蒼树車江山石用婚人嬲

　爱存老弟　　弟改

　　　　　　弟介僧練筆

24.3.10000

二，八，廿六，

1935 年 8 月 26 日

上月中旬，皋亭旧雨①二十一人同赴烟霞洞吊朱昊飞先生墓，有作新体诗纪事者，予用
其意作旧体

　　　　　　赤山小埠步踉跄，直到烟霞孤冢旁。

　　　　　　二十一人齐俯首，百花无语立斜阳。

　　　　　　轻雷细雨作杭州，湖上犹留未系舟。

　　　　　　料得些些苍狗事，江山不用替人愁。

　　　　爱存老哥斧政

　　　　　　　　　弟凡僧录呈

　　　　　　　　　二十四，八，廿六

---

①旧雨：即旧友、老朋友。

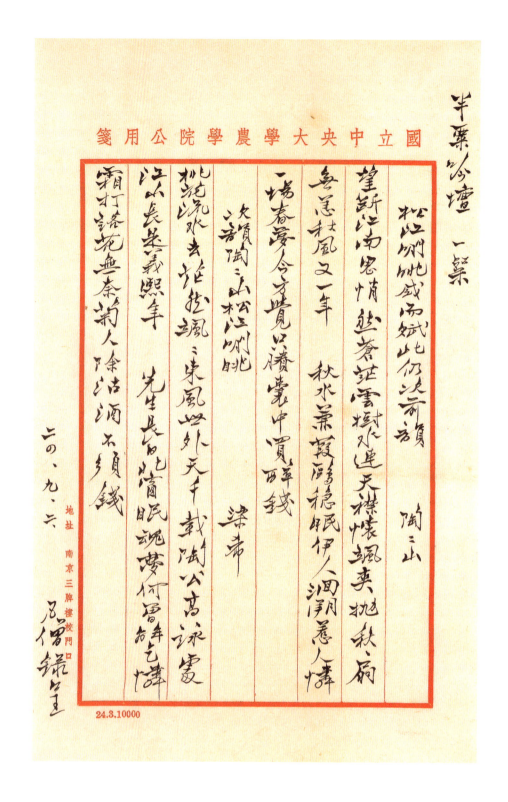

1935 年 9 月 2 日

松江闲眺感而赋此仍次前韵

陶陶山

望断江南思悄然，苍茫云树水连天。
襟怀飒爽抛秋扇，无羔秋风又一年。

秋水兼〔蒹〕葭鸥稳眠，伊人洄溯惹人怜。
一场春梦今方觉，只剩囊中买醉钱。

次韵陶陶山松江闲眺

梁希

桃花流水去茫然，飒飒东风世外天。
千载陶公高咏处，江山长是义熙年。

先生长日北窗眠，魂梦何曾解乞怜。
霜打落花无奈菊，人除沽酒不须钱。

半粟吟坛一粲

凡僧录呈
二四，九，二

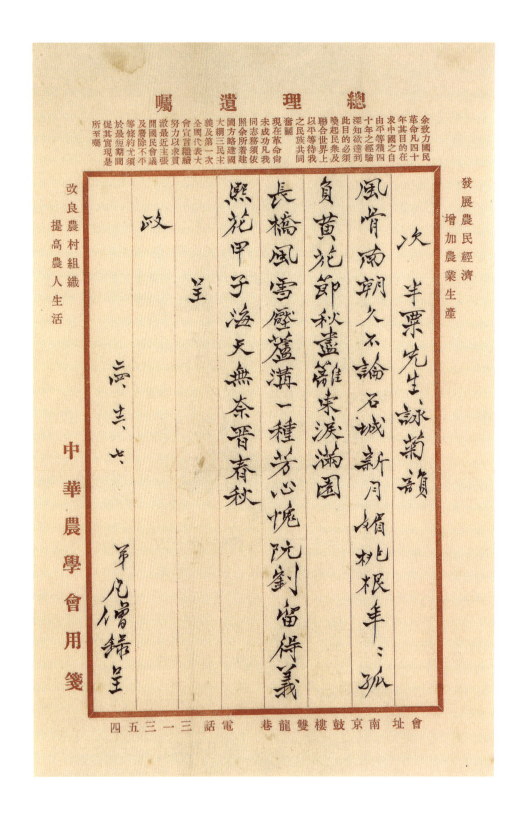

1935 年 12 月 7 日

次半粟先生咏菊韵

风骨南朝久不论，石城新月媚桃根。

年年孤负黄花节，秋尽篱东泪满园。

长桥风雪压芦沟，一种芳心愧阮刘。

留得义熙花甲子，海天无奈晋春秋。

呈政

弟凡僧录呈

二四，十二，七

1936

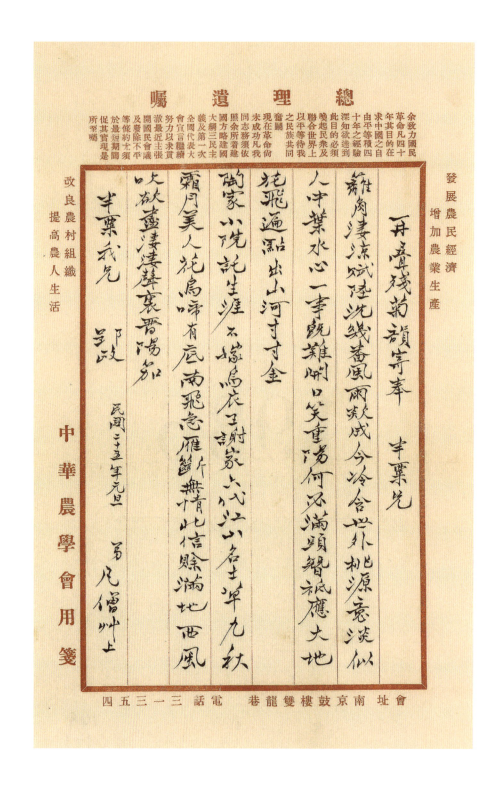

再叠残菊韵寄奉半粟兄

篱角凄凉赋陆沉，几番风雨欻成今。

冷含世外桃源意，淡似人中叶水心。

一事既难开口笑，重阳何必满头簪。

只应大地花飞遍，点出山河寸寸金。

陶家小院托生涯，不嫁乌衣王谢家。

六代江山名士草，九秋霜月美人花。

乌啼有底南飞急，雁断无情北信赊。

满地西风吹欲尽，凄凄声里晋阳笳。

半粟我兄郢政

弟凡僧草上

民国二十五年元旦

醬蹄和俞寰澄豚蹄先用鹽淹繼用醬油清掛在
簷下風乾稱醬蹄

左就豚蹄右飯簞書生大嚼已心歡無魚敢復思熊掌
有肉何須食馬肝雪窖殘羹融玉液風簷冷液滴紅乾
居然大子得其醬豈止王孫供一餐

醬蹄二詠

漫笑劉家父子豚英雄此復出屠門羞如土芥羞葵足
味到鹽薑陌菜根雙林擁雪鹽菜為醬菜煎趙窩
名之士文章大塊五湖吞操刀而割渾閒事國士此此
千古病亲子才食醬魚豚雞鴨王佐之才魚趙窩盧

一鋭恩

醬蹄三詠次寰澄韻

食譜新翻袁手才豚蹄句子出心裁居然自承成嶺草
不許黃樓賦落梅寰澄自漢口寄來醬蹄詩有云自承
驚心多亥誤邊東致物久成灰人立而啼元有足書生
已了更何胎當年彭越豬為臨小勢紅螺未是灰

醬蹄四詠

糢糊血肉一刀分斷送彭生有此君夫足橫遺烹鼎禍
招魂怕見覆瓿文可能牛馬豬同走到底豬龍不足云

醬蹄五詠次鄭澤老韻

慚愧希如功狗遠彌顱未落尚揢揢

黑貂猶在舌猶存肉而肥豬有尊遠承自蹄亡有跡
咸姬紅粉去無痕宰來厨下如天下醉了鴻門返霸門
今日誰家豪傑是恩量挂口復羣論

1936 年 3 月 23 日

酱蹄和俞寰澄<small>豚啼〔蹄〕先用盐渍，继用酱油渍，挂在檐下风干，称酱蹄</small>

左执豚蹄右饭箪，书生大嚼已心欢。

无鱼敢复思熊掌，有肉何须食马肝。

雪椀残羹融玉冻，风檐冷泪滴红干。

居然夫子得其酱，岂止王孙供一餐。

酱蹄二咏

漫笑刘家父子豚，英雄也复出屠门。

命如土芥羞葵足，味到盐齑陋菜根<small>双林称冬盐菜为盐齑菜。</small>

燕翅虚名千古病<small>袁子才食谱：鱼豚鸡鸭王佐之才，鱼翅燕窝虚名之士，</small>文章大块五湖吞。

操刀而割浑闲事，国士些些一饱恩。

酱蹄三咏次寰澄韵

食谱新翻袁子才，豚蹄句子出心裁。

居然白豕成吟草，不许黄楼赋落梅<small>寰澄自汉口寄示酱蹄诗，有云"白豕惊心多亥误，辽东故物久成灰"。</small>

人立而啼元有足，畜生已了更何胎。

当年彭越犹为醢，小劫红螺未是灰。

酱蹄四咏

模糊血肉一刀分，断送彭生有此君。

失足横遭烹鼎祸，招魂怕见覆瓿文。

可能牛马犹同走，到底猪龙不足云。

惭愧弗如功狗远，头颅未落尚狺狺。

酱蹄五咏次郑泽[①]老韵

黑貂犹在舌犹存，肉食而肥独自尊。

辽豕白蹄亡有迹，戚姬红粉去无痕。

宰来厨下如天下，醉了鸿门返霸门。

今日谁家豪杰是，思量挂口复难论。

[①]郑泽（1895—1959），字啸庠，号茂堂，湖南汨罗人。直隶省立高等工业学校肄业。1917年，公费留学日本。曾任四川大学、华西协和大学教授。

曾跡六詠次鄭澤老韻

真蠟梅香東幾陰窮割肉令璽冰脅灸
黑滋豚尖霄快田工撮踔詩渭歌華能華晉筵龍命隆
真個夫人能勸客天教玉指蓮春慈
馬餅和裳澄馬餅蔓林茶食也創自馬家兄業此
青曾梅老大春馬餅
客來笑問馬家翁官餅何年入內官蓬豆有芳省備大
青梨與西盂玲瓏姑娥錯認三更月姑嫂虛爭一日風
月餅姑娥新知否甯玉王府事故堆庭蔭懷單雄

馬餅二詠

餅師自古是風流賠月舍香不識馬止看公才子氣
眉公餅中宋嫂美人頭西湖寐嫂魚或曰即魚頭豆

三

萬笑化志大為龍糕諸瑞出湖淅詰老大家今行于京
混比汝圓圓遜一等堪歎紅綾唐進士功名舍此更無
由

馬餅三詠次宸澄韵

脂紅粉白太分明一餅雙林蒙作耤老子脯脹魚負腹
陸海持一杯青餅館老子腹脹鈴乾餅屬美人投報
不勝情五更朝士懷來裊三圓名流畫樣輕小月圓圓
元是馬故應千里送人征

馬餅四詠

冰作心靈蜜作腸悠悠甜夢出青梁五更香朴研紅豆
二月鍚蕭唤綠揚惜別小君新第淚題名太史萬文章
太史餅薰鳳一笑圓圓面知是蓮花是六郎蓮花餅

1936 年 3 月 23 日

300

酱蹄六咏次郑泽老韵

腊梅香里岁阴穷，割肉分盐小市东。

五福虚文禳灶鬼，一豚大嚼快田工。

操蹄对酒歌声乱，某脔当筵宠命隆。

真个丈人能劝客，又教玉指进春葱。

马饼和寰澄_{马饼，双林茶食也，创自马家，凡业此者皆称老大房马饼}

客来笑问马家翁，宫饼何年入内宫？

笾豆有房皆老大，膏粱无面不玲珑。

嫦娥错认三更月，姑嫂虚争一日风_{月饼姑嫂饼}。

知否宁王王府事，故雌夜夜忆单雄。

马饼二咏

饼师自古是风流，嚼月含香不识愁。

马上眉公才子气_{眉公饼}，鱼中宋嫂美人头_{西湖宋嫂鱼或曰即鱼头豆腐}。

笑他老大为诸粽_{诸粽出湖州诸老大家，今行于京沪}，比汝团圞逊一筹。

堪叹红绫唐进士，功名舍此更无由。

马饼三咏次寰澄韵

脂红粉白太分明，一饼双林制作精。

老子膨脬无负腹_{陆游诗："一杯斋傅饦，老子腹膨脬"，傅饦饼属，美人投报不胜情}。

五更朝士怀来热，三国名流画样轻。

小月团团元是马，故应千里逐人征。

马饼四咏

冰作心灵蜜作肠，悠悠甜梦出膏粱。

五更香杵研红豆，二月饧箫唤绿杨。

惜别小君新涕泪，题名太史旧文章_{太史饼}。

薰风一笑团团面，知是莲花是六郎_{莲花饼}。

馬餅五詠次鄭澤道韻

馬歸新詠接餅師傳信傳裝文章最當寶圖翁渾不似

畢竟吟詩殊讀史區區新典莫拘泥

馬餅六詠次鄭澤老韻

忽忽七年感路歧紛紛指顧到何時紙帳然子美為詩史

未必康成誠餅師千轉姬娥一輪冷萬家餅餌兩人思

不然王母猶廢饌曼情無桃葉等閑

鄭澤老願作

圍麵揉酥象馬師佳名想見

餅師題圓儀替月分工細列次羅星刻畫齊

太史風華十里暗美人消息六宮逛香甘不

數紅綾艷漫破蓮花剝凍況(一)由來臆說太

(二)

紛歧馬氏家珍擅一時信有成名傳市儈惜

無建蹠到經師護爭一字留芳譜室抱千金

崇駿思天下蒼生多菜色拈毫報肖為充饑

半農老兄 鄭政

兄儂打油

马饼五咏次郑泽老韵

马蹄新咏接豚蹄，传信传疑又有题。

曹霸图穷浑不似，庄周物论苦难齐。

东坡有肉千秋笑，西子非鱼一舸迷。

毕竟吟诗殊读史，区区饼典莫拘泥。

马饼六咏次郑泽老韵

忽忽亡羊感路歧，纷纷指鹿到何时。

纵然子美为诗史，未必康成识饼师。

千转姮娥一轮稳，万家锣铧两人思。

不然王母犹虚伪，曼倩无桃莫疗饥。

二五，三，二三

郑泽老原作

团面揉酥象马蹄，佳名想见饼师题。

圆仪替月分工细，列次罗星刻画齐。

太史风华千里赠，美人消息六宫迷。

香甘不数红绫艳，漫破莲花剥枣泥。（一）

由来臆说太纷歧，马氏家珍擅一时。

信有成名传市侩，惜无建号到经师。

谩争一字留芳谱，空抱千金索骏思。

天下苍生多菜色，拈毫谁肖为充饥。（二）

半粟老哥郢政

弟凡僧打油

1936 年 11 月 8 日

半粟斋主人乍函为菊花征诗，今复邮寄香山落叶一枚，题诗其上见赠，谨次原韵奉答
并乞郢政

　　　　吴江枫落雁南临，魂断关山一笛吟。
　　　　还爱黄花爱红叶，珠盘不定两倾心。

　　　　为爱黄花不出家，出家准拟上栖霞。
　　　　怜他沆瀣香山气，红煞霜林树万葩 南京栖霞山亦以红叶名。

　　　　　　　　　　　　　弟凡僧草呈
　　　　　　　　　　　　　二五，十一，八

1937

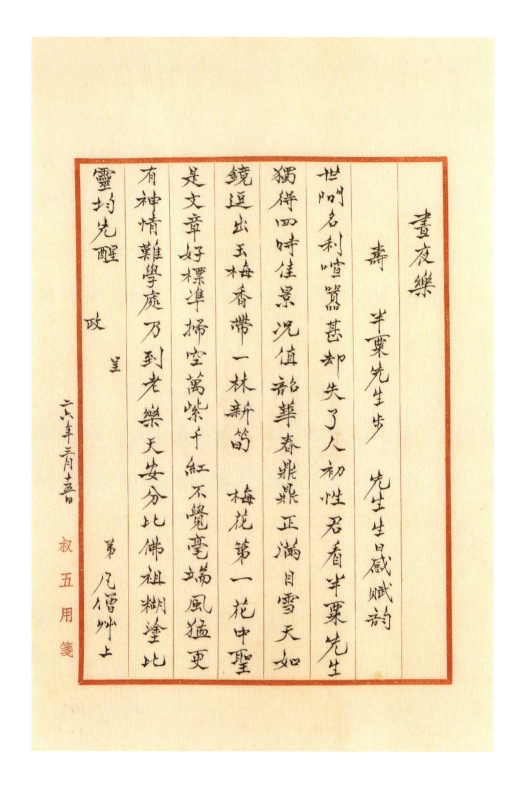

晝夜樂

壽　半粟先生步　先生生辰賦韵

世間名利喧囂卻失了人初性君看半粟先生

獨得四時佳景況值韶華春鼎鼎正滿目雪天如

鏡逗出玉梅香帶一林新筍　梅花第一花中聖

是文章好標準掃空萬紫千紅不覺毫端風猛更

有神情難學處乃到老樂天安分比佛祖糊塗此

靈均先生　政　呈

六年三月十五日

弟　尼僧州士

叔五用箋

1937 年 3 月 15 日

昼夜乐·寿半粟先生步先生生日感赋韵

世间名利喧嚣甚，却失了，人初性。君看半粟先生，独得四时佳景。况值韶华春鼎鼎，正满目，雪天如镜。逗出玉梅香，带一林新笋。

梅花第一花中圣，是文章，好标准。扫空万紫千红，不觉毫端风猛。更有神情难学处，乃到老，乐天安分。比佛祖糊涂，比灵均先醒。

政呈

弟凡僧草上

二六年三月十五日

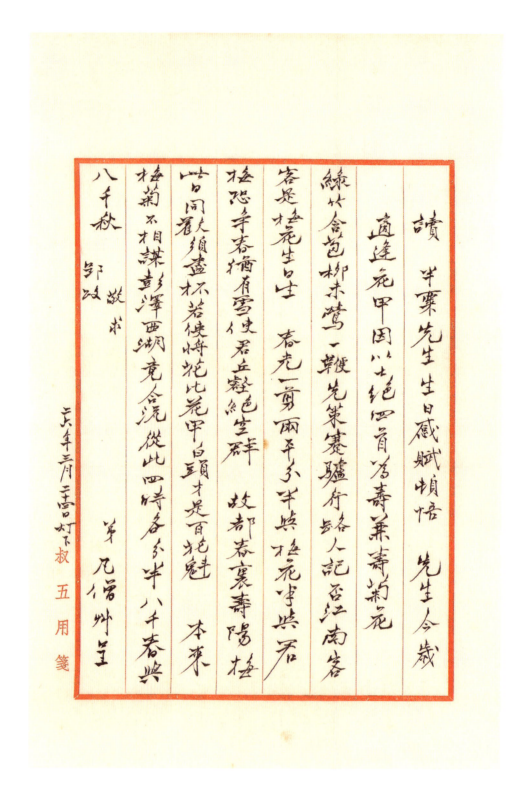

读 半栗先生日诚赋顿悟 先生今裁

适逢花甲因以七绝四首为寿兼寿菊花

绿竹含苞柳未鹭 一鞭先策骞驴行
路人记否红南岸 客处梅花生日生

春光一剪两平分 梅先花半花半君
梅恐年春独有雪 使君也觉色空群
敢都恭裹寿阳梅 本来

昔闻大须尽杯酒 若使将花比花甲
当头方是百花魁 本来

梅菊不才谋彭泽 西湖竟合浣从此
四诗各分半八千春兴

八千秋 敬求
邹政

半凡僧州呈

丙年三月廿喜台灯下
叔 五 用 箋

读半粟先生生日感赋顿悟，先生今岁适逢花甲，因以七绝四首为寿，
兼寿菊花

绿竹含苞柳未莺，一鞭先策蹇驴行。

路人记否江南客，客是梅花生日生。

春光一剪两平分，半与梅花半与君。

梅恐争春犹有雪，使君丘壑绝空群。

故都春里寿阳梅，此日同欢须尽杯。

若使将花比花甲，白头才是百花魁。

本来梅菊不相谋，彭泽西湖竟合流。

从此四时各分半，八千春与八千秋。

敬求郢政

弟凡僧草呈

二六年三月二十四日灯下

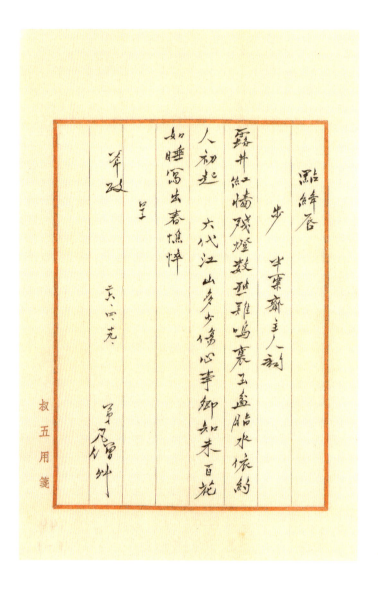

1937 年 4 月 19 日

点绛唇·步半粟斋主人韵

露井红墙，残灯数点鸡鸣里。玉盆脂水，依约人初起。

六代江山，多少伤心事。卿知未，百花如睡，写出春憔悴。

呈斧政

弟凡僧草

二六，四，十九

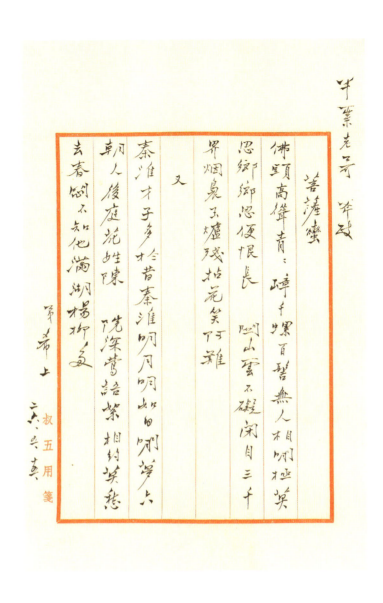

1937 年 5 月 15 日

菩萨蛮

　　佛头高耸青青嶂，千螺百髻无人相。闲极莫思乡，乡思便恨长。　　关山云不碍，闭目三千界。烟袅玉炉残，拈花笑阿难。

　　又

　　秦淮才子多于昔，秦淮明月明如日。闲梦六朝人，后庭花姓陈。　　院深莺语絮，相约莫愁去。春闷不知他，满湖杨柳多。

半粟老哥斧政

弟希上

二六，五，十五

311

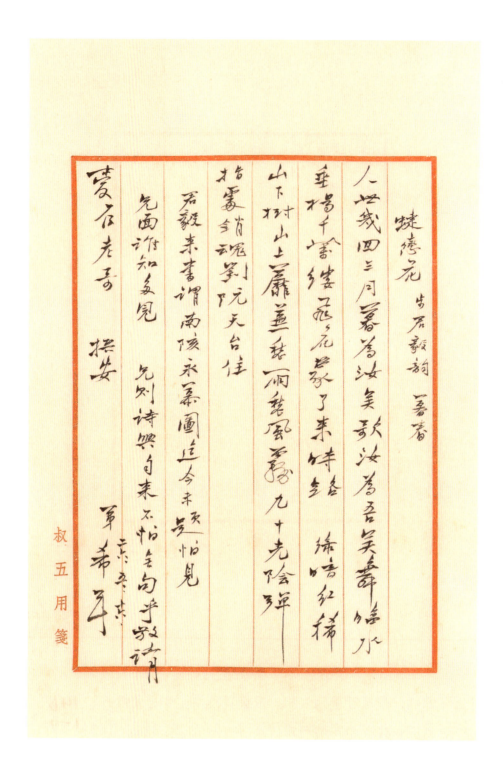

蝶恋花 步君毅韵 暮春

人世裁四三月暮为汝笑歌汝为吾笑舞临春水
垂杨千丝缕飞飞絮了来待谁 绿暗红稀
山下村山上扉盖一琴两琴风露九十光阴了
指雾雪魂刘阮天台住
君毅来书谓南陔永慕图迄今来觉怕见
先面诈知多觉 先列诗赋句来不怕会句平敦如此
蒙在老哥 撰安
叔五用笺
草东于其
希平

蝶恋花·步君毅韵　暮春

人世几回三月暮。为汝吴歌，汝为吾吴舞。临水垂杨千万缕，飞花蒙了来时路。
绿暗红稀山下树。山上蘼芜，愁雨愁风雾。九十光阴弹指处，销魂刘阮天台住。

　　君毅来书，谓《南陔永慕图》迄今未题，怕见兄面。谁知多见兄则诗兴自来，不怕无句乎？敬请爱存老哥撰安。

　　　　　　　　　　　　　　　　　　　　　　　弟希顿首
　　　　　　　　　　　　　　　　　　　　　　　二六，五，十六

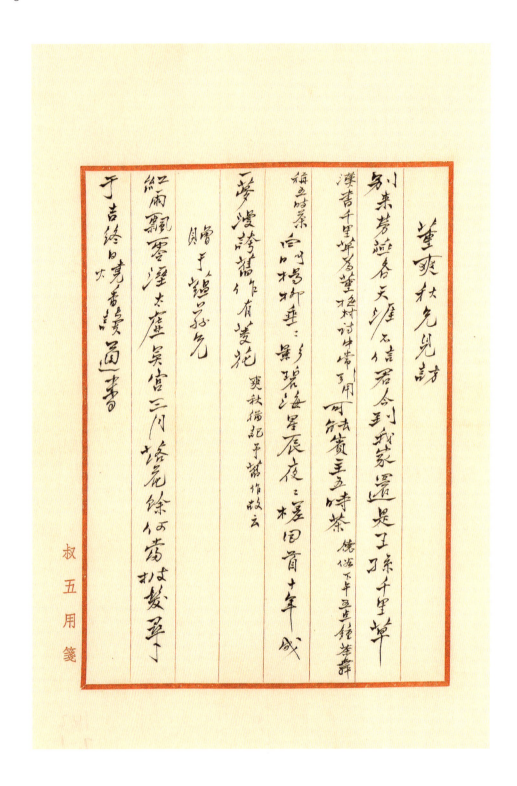

1937 年 7 月 2 日

董爽秋[1] 兄见访

别来劳燕各天涯，不信君今到我家。

还是王孙千里草<small>《汉书》千里草为董梅村诗中常引用</small>，可能宾主五时茶<small>德俗下午五点钟茶舞称五时茶。</small>

白门杨柳垂垂影，碧海星辰夜夜槎。

回首十年成一梦，漫夸旧作有菱花<small>爽秋犹记予旧作故云。</small>

赠于蕴荪兄

红雨飘零湿太虚，吴宫三月落花余。

何当披发寻于吉，终日烧香读道书。

---

[1]董爽秋（1896—1980），原名桂阳，安徽池州人。1920年考取公费留学生，先后就读于法国里昂大学、德国柏林大学。1927年获博士学位。归国后曾任安徽大学植物系教授，并先后在广州大学、贵州大学、国立西南联合大学等校任教。

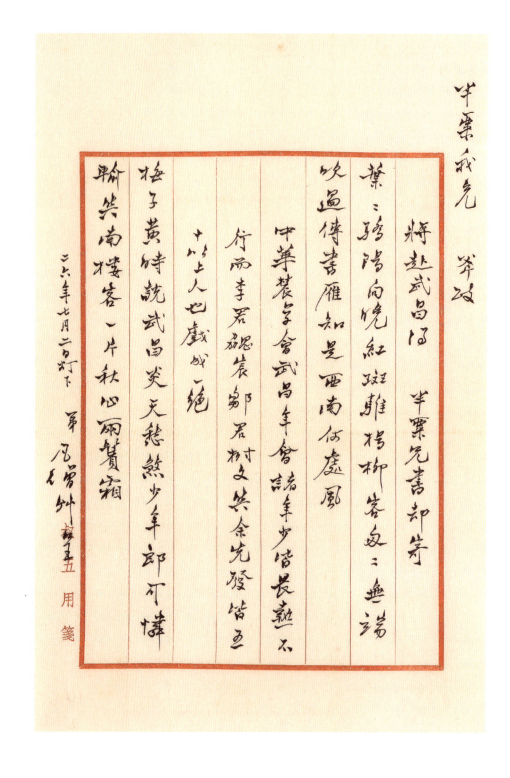

半农我兄 粲政

将赴武昌后 半农兄书却寄

叶叶骄阳向晚红 斑骓栖柳客匆匆 无端
吹过传书雁 知是西南何处风

中华装字会武昌年会诸年少皆长熟 不
行而李君荔裳鄢君朴文与余先发皆五
十以上人已戏成一绝

梅子黄时说武昌 炎天愁煞少年郎 可怜
输尽南楼客 一片秋心两鬓霜

二六年七月二日灯下 第 凡当州教五 用笺

1937 年 7 月 2 日

将赴武昌得半粟兄书却寄

叶叶骄阳向晚红，斑骓杨柳客匆匆。

无端吹过传书雁，知是西南何处风。

中华农学会武昌年会诸年少皆畏热不行，而李君儠宸[1]、邹君树文[2]与余先发，皆
五十以上人也，戏成一绝

梅子黄时说武昌，炎天愁煞少年郎。

可怜输与南楼客，一片秋心两鬓霜。

半粟我兄斧政

弟凡僧草呈

二六年七月二日灯下

①李寅恭（1884—1958），字儠宸，别号百卉园农，生于安徽合肥，林业教育家、林学家，中国近代林业开拓者之一。
②邹树文（1884—1980），字应蕙，江苏吴县人，中国近代昆虫学的奠基人与开拓者之一。

1938

1938 年 10 月 10 日

爱存老哥如握：

八月十八日赐教，于十月七日到沙坪坝，西河一阕已拜读，"江花不语，鸟空归啼，东风醒否。锦帆铁锁两销沉，无情烟雨杨柳""无端飞梦上渔矶，钓竿在手"等句，何其婉约而飘忽也。

兄前此来书，谓半粟诗必无刻印之日。弟谓半粟非独诗可传，词亦可传矣。重庆过去一年间尚安谧，今开始空袭亦频频有警报矣。中大已筑好地洞，但不甚固耳。仪器设备，一面要藏，一面又要用，本来设备已可怜，经此一番，不免又扰乱矣。

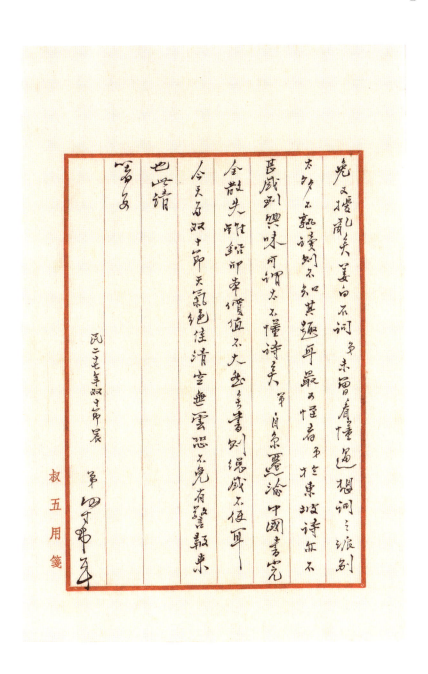

姜白石词，弟未曾看懂过，想词之派别太多，不熟读则不知其趣耳。最可怪者，弟于东坡诗亦不甚感到兴味，可谓太不懂诗矣。弟自京迁渝，中国书完全散失，虽铅印本价值不大，然无书则总感不便耳。今天为双十节，天气绝佳，清空无云，恐不免有警报来也。此请箸安。

弟梁希顿首

民二十七年双十节晨

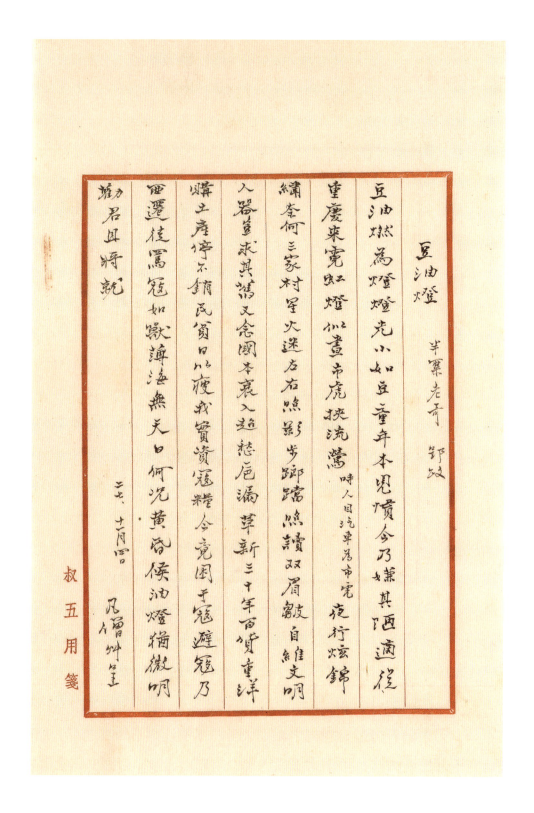

豆油燈　　半羅老哥　鈞政

豆油燃為燈　燈光小如豆　童年本兒慣　今乃嫌其陋　適從
重慶來　寬虹燈　似晝市虎　挾流螢　時人目炫畢為市寬　施行炫錦
繡奎何　三家村　星火迷　右右照影　步蹄躇　照讀雙眉皺　自維文明
人器豈　求其驤　又念國本衰　入趨慈厄漏　草新三十年　百貨重洋
贖土產停不銷　民貧日以瘦　我實資寇糧　令竟困干寇避寇乃
西遷徒寫冤　如獄　薄海無天日　何況黃昏候　油燈猶微明
賴君母將就

二七　十月四　　眉州生

叔五用箋

豆油灯

豆油燃为灯，灯光小如豆。童年本见惯，今乃嫌其陋。

适从重庆来，霓虹灯似昼。市虎挟流莺<small>时人目汽车为市虎</small>，夜行炫锦绣。

奈何三家村，星火迷左右。照影步踟蹰，照读双眉皱。

自维文明人，器岂求其旧。又念国本衰，入超愁巵漏。

革新三十年，百货重洋购。土产停不销，民贫日以瘦。

我实资寇粮，今竟困于寇。避寇乃西迁，徒骂寇如兽。

薄海无天日，何况黄昏候。油灯尤微明，劝君且将就。

半粟老哥郢政

凡僧草呈

二七，十一月四日

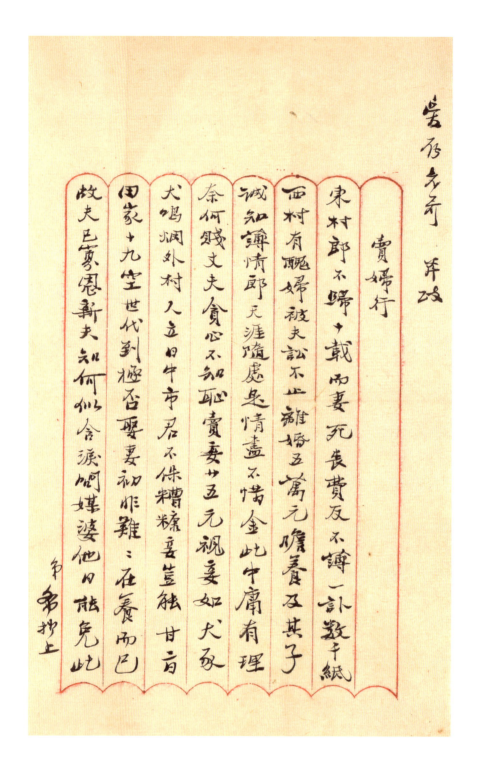

賣婦行

束村郎不歸，載兩妻死喪費反不償，一訴數千紙

西村有醜婦被夫訟不止，離婚五萬元，贍養及其子

誠知薄情郎，天涯隨處是情盡不惜金，此中庸有理

奈何賤丈夫，貪心不知恥，賣妻廿五元，視妻如犬豕

犬鳴烟外村，人立日中市，君不俟糟糠妻，筐筥甘旨

因蒙十九空，世代到極否，要妻初非難，三在養而已

故夫巳賣憑新夫，知何似舍凔啊，媒婆他日能免此

弟抄上

卖妇行

东村郎不归，十载而妻死。丧费反不薄，一讣数千纸。

西村有丑妇，被夫讼不止。离婚五万元，赡养及其子。

诚知薄情郎，天涯随处是。情尽不惜金，此中庸有理。

奈何贱丈夫，贪心不知耻。卖妾廿五元，视妾如犬豕。

犬鸣烟外村，人立日中市。君不保糟糠，妾岂能甘旨。

田家十九空，世代到极否。娶妻初非难，难在养而已。

故夫已寡恩，新夫知何似。含泪问媒婆，他日能免此。

爱存老哥斧政

弟希抄上

1940

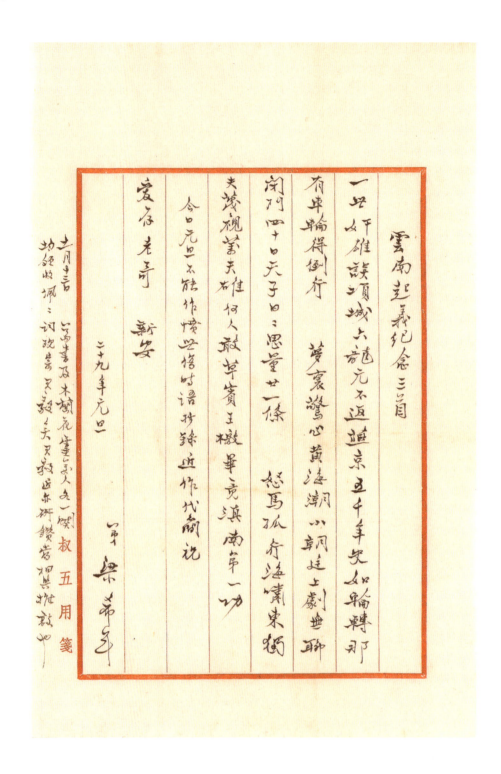

雲南起義紀念三十目

一世下雄談項城六龍元不遠趨京五千年突如輪轉那

有車輪得倒行　夢裏驚心黄海潮　八朝連上劇堪聯

閱川四十天子曰二思量廿一條　怒馬孤行海嘯束猶

夫殘视萬夫佳何人敢草寳玉機畢竟滇南第一功

今日元旦不能作慢些惜时語抄錄近作代篇祝

爱存老弟　新安

二十九年元旦　　梁希元

士月十三　为尚書及本樹成筆论式一阕
功颂收侧三诃玖妻兄数此束研錯誉撰燃款如
叔五用箋

云南起义①纪念三首

一世奸雄误项城，六龙元不返燕京。
五千年史如轮转，那有车轮得倒行。

梦里惊心黄海潮，小朝廷上剧无聊。
闭门四十日天子，日日思量廿一条。

怒马孤行海啸东，独夫蔑视万夫雄。
何人敢草宾王檄，毕竟滇南第一功。

今日元旦，不能作愤世伤时语，抄录近作代简，祝爱存老哥新安。

弟梁希顿首
二十九年元旦

十一月十三日：尊书及《木兰花》《虞美人》各一阕，均领收，佩佩！词现寄君毅矣。君毅近亦研钻，当相与推敲也。

---

①云南起义：又称"护国运动"。1915 年 12 月 25 日蔡锷、唐继尧、李烈钧等在云南反对袁世凯称帝，组织护国军，通电讨袁，并出兵贵州、四川和两广，时称云南起义。

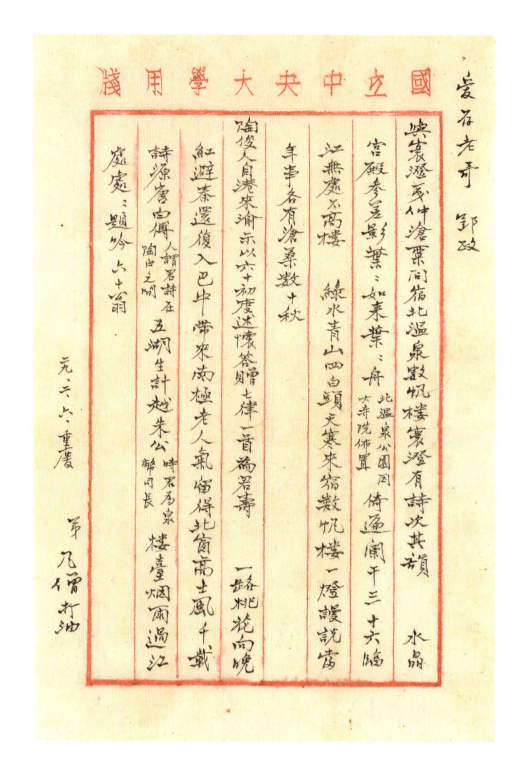

國立中央大學用箋

爱存老哥 邓攷

與裳遊二仲游栗間宿北温泉數帆樓裳澄有詩次其韻　水晶

宮殿参差影如来葉二舟　北温泉公園同大寺院佈置　倚遍闌干三十六隅

山無處不離樓　綠水青山四白頭又裳來宿數帆樓一燈護說窩

年年各有滄桑數十秋　一路桃花向晚

陶俊人自港來渝示以六十初度述懷答贈七律一首為君壽

紅避秦還復入巴中帶來南極老人氣傀得北賓高士風千載

詩源唐白傅人謂君詩在陶白之間　五湖生計越朱公時君為泉幣司長　樓臺煙雨遍江

處處二題吟六十翁

元、六、六、重慶

第　几僧打油

1940 年 2 月 6 日

330

与寰澄、夷仲、沧粟同宿北温泉数帆楼，寰澄有诗，次其韵

水晶宫殿参差影，叶叶如来叶叶舟北温泉公园因大寺院布置。

倚遍阑干三十六，临江无处不高楼。

绿水青山四白头，天寒来宿数帆楼。

一灯谩说当年事，各有沧桑数十秋。

陶俊人自港来渝，示以六十初度述怀，答赠七律一首为君寿

一路桃花向晚红，避秦还复入巴中。

带来南极老人气，留得北窗高士风。

千载诗源唐白傅人谓君诗在陶白之间，五湖生计越朱公时君为泉币司长。

楼台烟雨过江处，处处题吟六十翁。

爱存老哥郢政

弟凡僧打油
二九，二，六重庆

1949

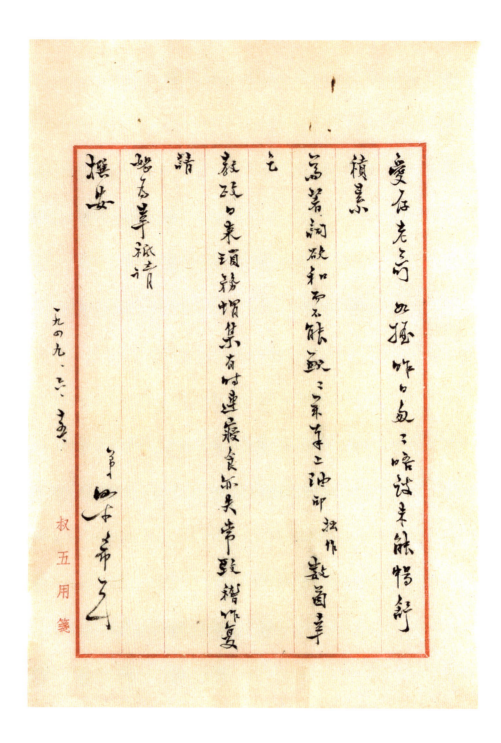

叔五用笺

一九四九、六、一五、

1949 年 6 月 15 日

爱存老哥如握：

　　昨日匆匆晤诗，未能畅舒积素，尊著词欲和而不能，歉歉！兹奉上油印拙作数首，幸乞教政。日来琐务猬集，有时连寝食亦失常，致稽作复，请恕为幸。祇请撰安。

　　　　　　　　　　　　　　　　　　　　　　弟梁希顿首
　　　　　　　　　　　　　　　　　　　　　一九四九，六，十五

爱森老友 如晤

瑶章 妈词 均拜读，先生风流未信 相如渐迟颓

老先精神常此 列强诗合 骥骏 不难骋水华 之丈夫君 子自尚尚向怀

惟路径完全不同 一时亦无径届 手不能待 遇贫的 机林垦 那都智 尚未看 之能持遇贫的 机林垦 那都智 尚未看

最近我好小住宅完 作临时办公室 只要 之人功立而已

通讯处：北京东城 无量大人胡同西院

秋垦 部临时办公处

房屋困难我人觉亦太 易请到 国民党 糖榆林垦 人才二十余军之久其坚守尚

但而不 初禄 者把他们 把了来列原有尚位 空虚 等于封 闲补疗其腐 纪念列

来能 逸政务 没同意 更未能逸青年 有志 者之 谋解 所以人 是成了一大新路

荡陵之及乎後人了老 解 放虚者都列 某两耐劳 且富有赏除 珠业经验惜人数

甚少 乎此请

著安

四九、十二、九、

[署名]

爱存老哥如晤:

赐书赐词均拜读,老去风流未信相如倦,但愿老兄精神常如此,则虽离犹合,骊歌不能伤我辈矣。朱君事自当关怀,惟路径完全不同,一时无从着手,只能待适当时机。林垦部部址尚无着落,最近我将小住宅先作临时办公室,只容七八人办公而已。

通讯处:北京东城无量大人胡同十四号林垦部临时办公处。

房屋固难找,人员亦不易请到。国民党糟蹋林业人才二十余年之久,其坚守岗位而不动摇者,把他们拖了来,则原有岗位空虚,等于割肉补疮;其腐化者,则未能邀政务院同意,更未能邀青年有志者之谅解,所以人是成了一大难题;旧徒之及早投入老解放区者,都刻苦而耐劳,且富有实际林业经验,惜人数甚少耳!此请著安。

弟梁希顿首

四九,十二,九

1950

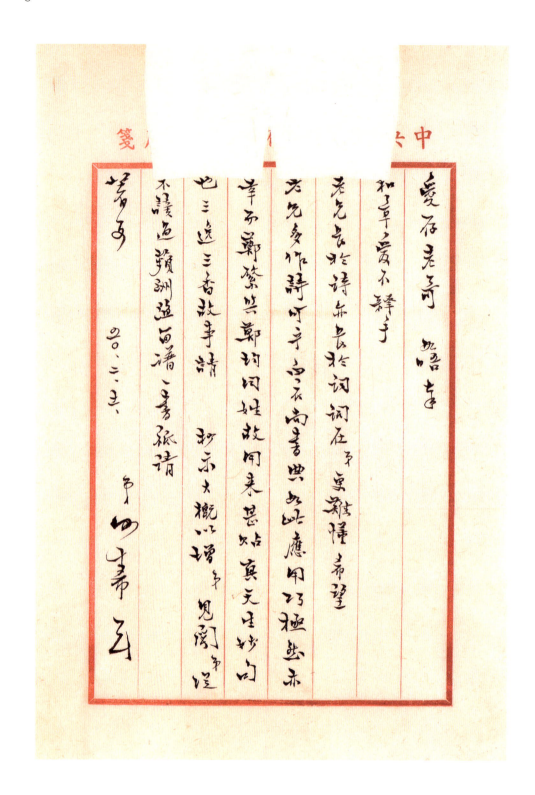

爱存老哥如晤：

　　奉和章，爱不释手。老兄长于诗亦长于词，词在弟更难懂，希望老兄多作诗，可乎？"白衣尚书"典如此应用，巧极，然亦幸而郑繁与郑均同姓，故用来甚贴，真天生妙句也。"三逸三香"故事，请抄示大概以增弟见闻，弟从不读过《蘋洲渔笛谱》一书。祇请著安。

　　　　　　　　　　　　　　　　　　　弟梁希顿首
　　　　　　　　　　　　　　　　　　　五〇，二，十一

寰宇记：龙泉铬南五里水，可用淬剑，昔人新水淬之剑化

龙去故剑名龙泉。

又浙江龙泉县南有龙渊，相传为欧冶子铸剑处。

晋太康记曰：此南西平县有龙泉水可淬剑特坚利。

发尽右寄 予于八月底离京来西北，

入山视察一次，而以大部分时间共西北各省

农林当局周旋，会议占了颇长的时期。

今已任务告竣，拟经西山西省返京。在西安，

与马塔之先生同席，马先生系南京地质调查

所研究员，便中曾屡次提起

老哥，知 右哥近于著作，佩之。在小陇山曾

有句：

低洞龙泉高涧雨 入山骡背出山云

龙泉本是剑的故事，可否作泉水用？弟手

头无专书，请

老兄指教，顺我一信寄北京，俾事得于西京之

初，可以解决疑问，不胜翘盼。安青

著予   弟 十二

又偶曾读谁于平撰作铸剑工程，一曰龙渊、二曰泰阿、

三曰工布。是剑乎名鸱洲，产人越者视沧、欧渊友泉。

1950 年 10 月 2 日

爱存老哥如晤：

弟于八月底离京来西北，入山视察一次，而以大部分时间与西北各省农林当局周旋，会议占了颇长的时期。

今已任务告竣，拟经由山西省返京。在西安，与马溶之^① 先生同寓。马先生系南京地质调查所研究员，便中曾屡次提起老哥，知老哥忙于著作，佩佩。在小陇山曾有句：

"低涧龙泉高涧雨，入山驴背出山云。"

龙泉本是剑的故事，可否作泉水用？弟手头无书，请老兄指教，赐我一信寄北京，俾弟得于回京之初，可以解决疑问，不胜翘盼。此请著安。

弟梁希顿首
五〇，十，二

又：《越绝书》：欧冶子、干将作铁剑三枚，一曰龙渊，二曰泰阿，三曰工布。是剑原名龙渊，唐人避高祖讳，改"渊"为"泉"。

《寰宇记》：龙泉县南五里水，可用淬剑。昔人就水淬之，剑化龙去，故剑名龙泉。

又：浙江龙泉县南有龙渊，相传为欧冶子铸剑处。

《晋太康记》曰：汝南西平县有龙泉水，可淬剑，特坚利。

---

①马溶之（1908—1976），字月亭，土壤地理学家。曾任中央地质调查所技正。建国后，历任南京地质调查所、中国科学院地质研究所研究员、中科院土壤研究所研究员兼所长，自然资源综合考察委员会副主任，中国土壤学会理事长，国际土壤学会会员。

篁用部墾林府政民人共中

蒙谷老可 昨晚送来此地带来的时油诗卷，发生了一个问题。

"在实现一宿"的题目下，有这样一首七绝：

去是黎明来是否 柳边风月绾销魂
情人低唱此时句 灯下诗情惹梦痕

部里有一位朋友说：这首要破人误解成香艳诗诗。

他说：这一宿偎依宿在坡院中，那就成为一首好诗。

於是把它改成：

玉是黎明来是否 柳边风月绾销魂
一灯各倚雨连今雨丰 诗痕难梦痕

请
老先生斧改以请

著者
五〇、十、廿

1950 年 10 月 21 日

344

爱存老哥如唔：

从西北带来的打油诗中，发生了一个问题。在"宝鸡一宿"的题目下，有这样一首七绝：

去是黎明来是昏，柳边风月总销魂。

背人低唱屯田句，灯下诗情带梦痕。

部里有一位朋友说："这首要被人误解成香艳诗的。"他说："这一宿假使宿在妓院中，那就成为一首好诗。"弟于是把它改成：

去是黎明来是昏，柳边风月总销魂。

一灯旧雨连今雨，半榻诗痕杂梦痕。

请老兄斧正。此请著安。

弟梁希顿首

五〇，十，廿一